Leicht gesalzen

Genussvoll kochen ohne überflüssiges Salz

Anna Müller

Inhalt

Eine Mischung aus Hühnchen und Linsen 11

Huhn und Blumenkohl 13

Tomaten-Karotten-Suppe mit Basilikum 15

Schweinefleisch mit Süßkartoffeln 16

Forellen-Karotten-Suppe 17

Truthahn-Fenchel-Eintopf 18

Auberginensuppe 19

Süßkartoffelcreme 20

Hühner- und Pilzsuppe 21

Limetten-Lachs-Pfanne 23

Kartoffelsalat 24

Hackfleisch und Tomaten in einer Pfanne erhitzen 26

Garnelen-Avocado-Salat 27

Brokkolicreme 28

Krautsuppe 29

Sellerie-Blumenkohl-Suppe 30

Schweinefleisch-Lauch-Suppe 31

Minzgarnelen-Brokkoli-Salat 32

Garnelen- und Kabeljausuppe 34

Eine Mischung aus Garnelen und Frühlingszwiebeln 35

Gerösteter Spinat 36

Curry-Blumenkohlmischung 38

Karotten-Zucchini-Eintopf 40

Eintopf aus Kohl und grünen Bohnen 42

Chili-Pilz-Suppe	43
Chili-Schweinefleisch	45
Pfeffer-Pilz-Lachs-Salat	46
Gemischte Kichererbsen und Kartoffeln	48
Kardamom-Hühnermischung	50
Linsen-Chili	51
Ahorn-Pfirsich-Mischung	53
Zimtreis und Datteln	54
Feigen-, Birnen- und Granatapfeljoghurt	55
Rosmarin-Endivie	56
Zitronen-Endivie	57
Pesto-Spargel	58
Paprika-Karotte	59
Ofenkartoffeln mit Sahne	60
Sesamkohl	62
Koriander-Brokkoli	63
Chili-Rosenkohl	64
Mischung aus Rosenkohl und Frühlingszwiebeln	65
Zerbrochener Blumenkohl	66
Avocadosalat	67
Radieschen-Salat	68
Zitronen-Endiviensalat	69
Oliven-Mais-Mischung	70
Rucola- und Pinienkernsalat	71
Mandeln und Spinat	72
Salat aus grünen Bohnen und Mais	73
Endivien- und Grünkohlsalat	74

Edamame-Salat 75
Trauben-Avocado-Salat 76
Oregano-Auberginen-Mischung 77
Gebackene Tomatenmischung 78
Thymianpilz 79
Spinat-Mais-Sauté 80
Mais und Schalotten anbraten 81
Spinat-Mango-Salat 82
Kartoffeln mit Senf 83
Rosenkohl mit Kokosnuss 84
Salbei-Karotten 85
Knoblauchpilze und Mais 86
Grünes Bohnenpesto 87
Estragon-Tomaten 88
Rindfleisch-Zucchini-Auflauf 90
Thymian-Rindfleisch-Kartoffel-Mischung 91
Schweinefleisch-Karotten-Suppe 92
Garnelen-Erdbeer-Salat 93
Salat mit Garnelen und grünen Bohnen 95
Fischtacos 96
Zucchinikuchen 98
Kichererbsen-Tomaten-Eintopf 100
Hühnchen-, Tomaten- und Spinatsalat 101
Spargel- und Pfefferschalen 102
Heißer Rindfleischeintopf 104
Schweinekotelett mit Pilzen 106
Minztomaten und Mais 108

- Zucchini-Avocado-Salsa ... 109
- Eine Mischung aus Äpfeln und Kohl ... 110
- Geröstete Rüben ... 111
- Dillkohl ... 112
- Kohl-Karotten-Salat ... 113
- Tomaten-Oliven-Salsa ... 114
- Zucchinisalat ... 115
- Curry-Karottensalat ... 116
- Salat und Rote-Bete-Salat ... 117
- Radieschen mit Kräutern ... 118
- Geröstete Fenchelmischung ... 119
- Geröstete Paprika ... 120
- Geröstete Datteln und Kohl ... 121
- Schwarze Bohnenmischung ... 122
- Oliven- und Endivienmischung ... 123
- Tomaten-Gurken-Salat ... 124
- Paprika-Karotten-Salat ... 125
- Eine Mischung aus schwarzen Bohnen und Reis ... 126
- Reis-Blumenkohl-Mischung ... 128
- Balsamico-Bohnenmischung ... 129
- Cremige Rüben ... 130
- Avocado-Paprika-Mischung ... 131
- Gebackene Süßkartoffeln und Rüben ... 132
- Grünkohl anbraten ... 133
- Gewürzte Karotten ... 134
- Zitronenartischocke ... 135
- Brokkoli, Bohnen und Reis ... 136

Geröstete Kürbismischung 137
Cremiger Spargel 138
Basilikum-Rübenmischung 139
Eine Mischung aus Reis und Kapern 140
Spinat-Grünkohl-Mischung 141
Nelkenhuhn 142
Hähnchen mit Ingwer-Artischocken 143
Puten-Paprika-Mischung 145
Hähnchenschenkel und Rosmaringemüse 146
Huhn mit Karotten und Kohl 148
Auberginen-Truthahn-Sandwich 149
Einfache Truthahn-Zucchini-Tortillas 151
Hähnchen mit Paprika und Auberginenpfanne 153
Balsamico-gebratener Truthahn 155
Cheddar-Putenmischung 156
Putenparmesan 157
Cremige Hähnchen-Garnelen-Mischung 158
Mischung aus Truthahn-Basilikum und scharfem Spargel 159
Cashew-Truthahn gemischt 160
Truthahn und Beeren 161
Hähnchenbrust mit fünf Gewürzen 162
Truthahn mit würzigem Grün 163
Hähnchen und Chili-Pilze 164
Chili-Hähnchen und Tomaten-Artischocke 165
Eine Mischung aus Hühnchen und Rüben 167
Truthahn mit Selleriesalat 168
Eine Mischung aus Hähnchenschenkeln und Weintrauben 169

Truthahn und Zitronengerste	171
Truthahn mit Rüben und Radieschen	173
Knoblauch-Schweinefleischmischung	175
Paprika-Schweinefleisch mit Karotten	176
Ingwer-Schweinefleisch und Zwiebeln	177
Kreuzkümmel vom Schwein	179
Eine Mischung aus Schweinefleisch und Gemüse	180
Thymian-Schweinefleisch in einer Pfanne	181
Majoran-Schweinefleisch und Zucchini	183
Würziges Schweinefleisch	185
Kokosnussschweinefleisch und Sellerie	187
Schweinefleisch-Tomaten-Mischung	188
Schweinekotelett mit Salbei	190
Thailändisches Schweinefleisch und Auberginen	191
Schweinefleisch und Limette	193
Balsamico-Schweinefleisch	194
Pesto-Schweinefleisch	196
Schweinefleisch und Petersilienpaprika	197
Lammmischung mit Kreuzkümmel	198
Schweinefleisch mit Radieschen und grünen Bohnen	199
Fenchellamm und Pilze	200
Schweinefleisch-Spinat-Auflauf	202
Schweinefleisch mit Avocado	204
Schweinefleisch-Apfel-Mischung	205
Zimt-Schweinekoteletts	207
Kokos-Schweinekoteletts	208
Schweinefleisch mit Pfirsichmischung	209

Kakaolamm und Radieschen 210

Zitronenschweinefleisch und Artischocken.. 212

Schweinefleisch mit Koriandersauce... 214

Schweinefleisch mit Mangomischung 216

Rosmarin-Schweinefleisch und Zitronen-Süßkartoffeln......................... 217

Schweinefleisch mit Kichererbsen... 218

Lammkoteletts mit Grünkohl 219

Chili-Lamm... 220

Schweinefleisch mit Paprika und Lauch 221

Eine Mischung aus Hühnchen und Linsen

Zubereitungszeit: 10 Minuten
Kochzeit: 25 Minuten
Portionen: 4

Zutaten:
- 1 Tasse Dosentomaten, ungesalzen, gehackt
- Schwarzer Pfeffer nach Geschmack
- 1 Esslöffel Chipotle-Paste
- 1 Kilo Hähnchenbrust ohne Haut, ohne Knochen und in Würfel geschnitten
- 2 Tassen Linsen aus der Dose, ohne Salz, abtropfen lassen und abspülen
- ½ Esslöffel Olivenöl
- 1 gelbe Zwiebel, fein gehackt
- 2 Esslöffel Koriander, gehackt

Route:
1. Eine Pfanne mit Öl bei mittlerer Hitze erhitzen, die Zwiebel- und Chipotle-Masse hinzufügen, vermischen und 5 Minuten braten.
2. Das Hähnchen dazugeben, umrühren und 5 Minuten braten.
3. Die anderen Zutaten hinzufügen, umrühren, 15 Minuten kochen lassen, in Schüsseln verteilen und servieren.

Ernährung: Kalorien 369, Fett 17,6, Ballaststoffe 9, Kohlenhydrate 44,8, Protein 23,5

Huhn und Blumenkohl

Zubereitungszeit: 5 Minuten
Kochzeit: 25 Minuten
Portionen: 4

Zutaten:
- 1 Kilo Hähnchenbrust ohne Haut, ohne Knochen und in Würfel geschnitten
- 2 Tassen Blumenkohlröschen
- 1 Esslöffel Olivenöl
- 1 rote Zwiebel, gehackt
- 1 Esslöffel Balsamico-Essig
- ½ Tasse rote Paprika, gehackt
- Eine Prise schwarzer Pfeffer
- 2 Knoblauchzehen, gehackt
- ½ Tasse natriumarme Hühnerbrühe
- 1 Tasse Dosentomaten, ungesalzen, gehackt

Route:
1. Eine Pfanne mit Öl bei mittlerer Hitze erhitzen, Zwiebel, Knoblauch und Fleisch hinzufügen und 5 Minuten braten.
2. Die anderen Zutaten hinzufügen, umrühren und bei mittlerer Hitze 20 Minuten kochen lassen.
3. Wir teilen alles in Schüsseln auf und servieren es zum Mittagessen.

Ernährung: Kalorien 366, Fett 12, Ballaststoffe 5,6, Kohlenhydrate 44,3, Protein 23,7

Tomaten-Karotten-Suppe mit Basilikum

Zubereitungszeit: 10 Minuten
Kochzeit: 20 Minuten
Portionen: 4

Zutaten:
- 3 Knoblauchzehen, gehackt
- 1 gelbe Zwiebel, fein gehackt
- 3 Karotten, fein gehackt
- 1 Esslöffel Olivenöl
- 20 Unzen geröstete Tomaten, kein Salz
- 2 Tassen natriumarme Gemüsebrühe
- 1 Esslöffel getrocknetes Basilikum
- 1 Tasse Kokoscreme
- Eine Prise schwarzer Pfeffer

Route:
1. Eine Pfanne mit Öl bei mittlerer Hitze erhitzen, Zwiebel und Knoblauch hinzufügen und 5 Minuten braten.
2. Die anderen Zutaten hinzufügen, vermischen, bei schwacher Hitze kochen, 15 Minuten kochen lassen, die Suppe mit einem Stabmixer pürieren, in Schüsseln verteilen und zum Mittagessen servieren.

Ernährung: Kalorien 244, Fett 17,8, Ballaststoffe 4,7, Kohlenhydrate 18,6, Protein 3,8

Schweinefleisch mit Süßkartoffeln

Zubereitungszeit: 10 Minuten
Kochzeit: 30 Minuten
Portionen: 4

Zutaten:
- 4 Schweinekoteletts, ohne Knochen
- 1 Kilo Süßkartoffeln, geschält und in Scheiben geschnitten
- 1 Esslöffel Olivenöl
- 1 Tasse natriumarme Gemüsebrühe
- Eine Prise schwarzer Pfeffer
- 1 Teelöffel Oregano, getrocknet
- 1 Teelöffel Rosmarin, getrocknet
- 1 Teelöffel Basilikum, getrocknet

Route:
1. Eine Pfanne mit Öl auf mittlerer bis hoher Hitze erhitzen, die Schweinefleischscheiben hinzufügen und auf jeder Seite 4 Minuten braten.
2. Die Süßkartoffel und die anderen Zutaten dazugeben, den Deckel auflegen und bei mittlerer Hitze 20 Minuten kochen lassen, dabei gelegentlich umrühren.
3. Alles auf Teller verteilen und servieren.

Ernährung: Kalorien 424, Fett 23,7, Ballaststoffe 5,1, Kohlenhydrate 32,3, Protein 19,9

Forellen-Karotten-Suppe

Zubereitungszeit: 10 Minuten
Kochzeit: 25 Minuten
Portionen: 4

Zutaten:
- 1 gelbe Zwiebel, fein gehackt
- 12 Tassen natriumarme Fischbrühe
- 1 Kilo Karotten, in Scheiben geschnitten
- 1 Kilo Forellenfilet, ohne Gräten, ohne Haut und in Würfel geschnitten
- 1 Esslöffel süßer Paprika
- 1 Tasse Tomaten, gewürfelt
- 1 Esslöffel Olivenöl
- Schwarzer Pfeffer nach Geschmack

Route:
1. Eine Pfanne mit Öl bei mittlerer Hitze erhitzen, die Zwiebel dazugeben, umrühren und 5 Minuten braten.
2. Den Fisch, die Karotten und die anderen Zutaten dazugeben, zum Kochen bringen und bei mittlerer Hitze 20 Minuten kochen lassen.
3. Die Suppe in Schüsseln füllen und servieren.

Ernährung: Kalorien 361, Fett 13,4, Ballaststoffe 4,6, Kohlenhydrate 164, Protein 44,1

Truthahn-Fenchel-Eintopf

Zubereitungszeit: 10 Minuten
Kochzeit: 45 Minuten
Portionen: 4

Zutaten:
- 1 Putenbrust ohne Haut, ohne Knochen und gewürfelt
- 2 Fenchelknollen, in Scheiben geschnitten
- 1 Esslöffel Olivenöl
- 2 Lorbeerblätter
- 1 gelbe Zwiebel, fein gehackt
- 1 Tasse Dosentomaten, kein Salz
- 2 natriumarme Rinderbrühen
- 3 Knoblauchzehen fein gehackt
- Schwarzer Pfeffer nach Geschmack

Route:
1. Eine Pfanne mit Öl bei mittlerer Hitze erhitzen, Zwiebel und Fleisch hinzufügen und 5 Minuten braten.
2. Den Fenchel und die anderen Zutaten dazugeben, aufkochen und bei mittlerer Hitze 40 Minuten kochen lassen, dabei gelegentlich umrühren.
3. Den Eintopf auf Schüsseln verteilen und servieren.

Ernährung: Kalorien 371, Fett 12,8, Ballaststoffe 5,3, Kohlenhydrate 16,7, Protein 11,9

Auberginensuppe

Zubereitungszeit: 10 Minuten
Kochzeit: 30 Minuten
Portionen: 4

Zutaten:
- 2 große Auberginen, grob gewürfelt
- 1 Liter natriumarme Gemüsebrühe
- 2 Esslöffel ungesalzenes Tomatenmark
- 1 rote Zwiebel, gehackt
- 1 Esslöffel Olivenöl
- 1 Esslöffel Koriander, gehackt
- Eine Prise schwarzer Pfeffer

Route:
1. Eine Pfanne mit Öl bei mittlerer Hitze erhitzen, die Zwiebel dazugeben, vermischen und 5 Minuten braten.
2. Die Aubergine und die anderen Zutaten dazugeben, bei mittlerer Hitze köcheln lassen, 25 Minuten kochen, in Schüsseln verteilen und servieren.

Ernährung: Kalorien 335, Fett 14,4, Ballaststoffe 5, Kohlenhydrate 16,1, Protein 8,4

Süßkartoffelcreme

Zubereitungszeit: 10 Minuten
Kochzeit: 25 Minuten
Portionen: 4

Zutaten:
- 4 Tassen Gemüsebrühe
- 2 Esslöffel Avocadoöl
- 2 Süßkartoffeln, geschält und gewürfelt
- 2 gelbe Zwiebeln, fein gehackt
- 2 Knoblauchzehen, gehackt
- 1 Tasse Kokosmilch
- Eine Prise schwarzer Pfeffer
- ½ Teelöffel Basilikum, gehackt

Route:
1. Eine Pfanne mit Öl bei mittlerer Hitze erhitzen, Zwiebel und Knoblauch dazugeben, vermischen und 5 Minuten braten.
2. Die Süßkartoffel und die anderen Zutaten hinzufügen und bei schwacher Hitze 20 Minuten kochen lassen.
3. Die Suppe mit einem Stabmixer pürieren, in Schüsseln füllen und zum Mittagessen servieren.

Ernährung: Kalorien 303, Fett 14,4, Ballaststoffe 4, Kohlenhydrate 9,8, Protein 4,5

Hühner- und Pilzsuppe

Zubereitungszeit: 10 Minuten
Kochzeit: 30 Minuten
Portionen: 4

Zutaten:
- 1 Liter natriumarme Gemüsebrühe
- 1 Esslöffel Ingwer, gerieben
- 1 gelbe Zwiebel, fein gehackt
- 1 Esslöffel Olivenöl
- 1 Kilo Hähnchenbrust ohne Haut, ohne Knochen und in Würfel geschnitten
- ½ Kilo weiße Champignons, in Scheiben geschnitten
- 4 Thai-Chilis, fein gehackt
- ¼ Tasse Limettensaft
- ¼ Tasse Koriander, gehackt
- Eine Prise schwarzer Pfeffer

Route:
1. Einen Topf mit Öl bei mittlerer Hitze erhitzen, Zwiebel, Ingwer, Chili und Fleisch hinzufügen, umrühren und 5 Minuten braten.
2. Die Pilze dazugeben, vermischen und weitere 5 Minuten kochen lassen.
3. Die restlichen Zutaten hinzufügen, aufkochen und bei mittlerer Hitze weitere 20 Minuten kochen lassen.
4. Die Suppe in Schüsseln füllen und sofort servieren.

Ernährung: Kalorien 226, Fett 8,4, Ballaststoffe 3,3, Kohlenhydrate 13,6, Protein 28,2

Limetten-Lachs-Pfanne

Zubereitungszeit: 10 Minuten
Kochzeit: 20 Minuten
Portionen: 4

Zutaten:
- 4 Lachsfilets, ohne Knochen
- 3 Knoblauchzehen, gehackt
- 1 gelbe Zwiebel, fein gehackt
- Schwarzer Pfeffer nach Geschmack
- 2 Esslöffel Olivenöl
- Saft von 1 Limette
- 1 Esslöffel Limettenschale, gerieben
- 1 Esslöffel Thymian, gehackt

Route:
1. Eine Pfanne mit Öl bei mittlerer Hitze erhitzen, Zwiebel und Knoblauch dazugeben, vermischen und 5 Minuten braten.
2. Den Fisch dazugeben und auf beiden Seiten 3 Minuten braten.
3. Die restlichen Zutaten hinzufügen, alles weitere 10 Minuten kochen lassen, auf die Teller verteilen und zum Mittagessen servieren.

Ernährung: Kalorien 315, Fett 18,1, Ballaststoffe 1,1, Kohlenhydrate 4,9, Protein 35,1

Kartoffelsalat

Zubereitungszeit: 10 Minuten
Kochzeit: 20 Minuten
Portionen: 4

Zutaten:
- 2 Tomaten, gehackt
- 2 Avocados, entkernt und gehackt
- 2 Tassen Babyspinat
- 2 Schalotten, fein gehackt
- 1 Pfund goldene Kartoffeln, gekocht, geschält und in Spalten geschnitten
- 1 Esslöffel Olivenöl
- 1 Esslöffel Zitronensaft
- 1 gelbe Zwiebel, fein gehackt
- 2 Knoblauchzehen, gehackt
- Schwarzer Pfeffer nach Geschmack
- 1 Bund Koriander, gehackt

Route:
1. Eine Pfanne mit Öl bei mittlerer Hitze erhitzen, Zwiebeln, Frühlingszwiebeln und Knoblauch hinzufügen, umrühren und 5 Minuten köcheln lassen.
2. Die Kartoffeln dazugeben, vorsichtig umrühren und weitere 5 Minuten kochen lassen.
3. Die anderen Zutaten hinzufügen, umrühren, weitere 10 Minuten bei mittlerer Hitze kochen, in Schüsseln verteilen und zum Mittagessen servieren.

Ernährung: Kalorien 342, Fett 23,4, Ballaststoffe 11,7, Kohlenhydrate 33,5, Protein 5

Hackfleisch und Tomaten in einer Pfanne erhitzen

Zubereitungszeit: 10 Minuten
Kochzeit: 20 Minuten
Portionen: 4

Zutaten:
- 1 Kilo Rindfleisch, gehackt
- 1 rote Zwiebel, gehackt
- 1 Esslöffel Olivenöl
- 1 Tasse Kirschtomaten, halbiert
- ½ rote Paprika, gehackt
- Schwarzer Pfeffer nach Geschmack
- 1 Esslöffel Schnittlauch, gehackt
- 1 Esslöffel Rosmarin, gehackt
- 3 Esslöffel natriumarme Rinderbrühe

Route:
1. Eine Pfanne mit Öl bei mittlerer Hitze erhitzen, Zwiebel und Paprika dazugeben, umrühren und 5 Minuten braten.
2. Das Fleisch dazugeben, vermischen und weitere 5 Minuten braten.
3. Die anderen Zutaten hinzufügen, umrühren, 10 Minuten kochen lassen, in Schüsseln verteilen und zum Mittagessen servieren.

Ernährung: Kalorien 320, Fett 11,3, Ballaststoffe 4,4, Kohlenhydrate 18,4, Protein 9

Garnelen-Avocado-Salat

Zubereitungszeit: 5 Minuten
Kochzeit: 0 Minuten
Portionen: 4

Zutaten:
- 1 Orange, geschält und in Scheiben geschnitten
- 1 Pfund Garnelen, gekocht, geschält und entdarmt
- 2 Tassen Baby-Rucola
- 1 Avocado entkernt, geschält und gewürfelt
- 2 Esslöffel Olivenöl
- 2 Esslöffel Balsamico-Essig
- Saft einer halben Orange
- Salz und schwarzer Pfeffer

Route:
1. In einer Salatschüssel die Garnelen mit der Orange und den anderen Zutaten vermischen, vermengen und zum Mittagessen servieren.

Ernährung: Kalorien 300, Fett 5,2, Ballaststoffe 2, Kohlenhydrate 11,4, Protein 6,7

Brokkolicreme

Zubereitungszeit: 10 Minuten
Kochzeit: 40 Minuten
Portionen: 4

Zutaten:

- 2 Kilo Brokkoliröschen
- 1 gelbe Zwiebel, fein gehackt
- 1 Esslöffel Olivenöl
- Schwarzer Pfeffer nach Geschmack
- 2 Knoblauchzehen, gehackt
- 3 Tassen natriumarme Rinderbrühe
- 1 Tasse Kokosmilch
- 2 Esslöffel Koriander, gehackt

Route:

1. Eine Pfanne mit Öl bei mittlerer Hitze erhitzen, Zwiebel und Knoblauch dazugeben, vermischen und 5 Minuten braten.
2. Den Brokkoli und die restlichen Zutaten bis auf die Kokosmilch dazugeben, aufkochen und bei mittlerer Hitze weitere 35 Minuten kochen lassen.
3. Die Suppe mit einem Stabmixer pürieren, die Kokosmilch dazugeben, nochmals pürieren, in Schüsseln verteilen und servieren.

Ernährung: Kalorien 330, Fett 11,2, Ballaststoffe 9,1, Kohlenhydrate 16,4, Protein 9,7

Krautsuppe

Zubereitungszeit: 10 Minuten
Kochzeit: 40 Minuten
Portionen: 4

Zutaten:
- 1 großer Kopf Grünkohl, grob gehackt
- 1 gelbe Zwiebel, fein gehackt
- 1 Esslöffel Olivenöl
- Schwarzer Pfeffer nach Geschmack
- 1 Lauch, fein gehackt
- 2 Tassen natriumarme Dosentomaten
- 4 Tassen natriumarme Hühnerbrühe
- 1 Esslöffel Koriander, gehackt

Route:
1. Einen Topf mit Öl bei mittlerer Hitze erhitzen, Zwiebel und Lauch dazugeben, vermischen und 5 Minuten kochen lassen.
2. Den Kohl und die restlichen Zutaten außer Koriander dazugeben, aufkochen und bei mittlerer Hitze 35 Minuten kochen lassen.
3. Die Suppe in Schüsseln füllen, mit Koriander bestreuen und servieren.

Ernährung: Kalorien 340, Fett 11,7, Ballaststoffe 6, Kohlenhydrate 25,8, Protein 11,8

Sellerie-Blumenkohl-Suppe

Zubereitungszeit: 10 Minuten
Kochzeit: 40 Minuten
Portionen: 4

Zutaten:
- 2 Kilo Blumenkohlröschen
- 1 rote Zwiebel, gehackt
- 1 Esslöffel Olivenöl
- 1 Tasse Tomatenpüree
- Schwarzer Pfeffer nach Geschmack
- 1 Tasse Sellerie, gehackt
- 6 Tassen natriumarme Hühnerbrühe
- 1 Esslöffel Dill, gehackt

Route:
4. Einen Topf mit Öl bei mittlerer Hitze erhitzen, Zwiebel und Sellerie hinzufügen, vermischen und 5 Minuten braten.
5. Den Blumenkohl und die anderen Zutaten dazugeben, aufkochen und bei mittlerer Hitze weitere 35 Minuten kochen lassen.
6. Die Suppe auf Schüsseln verteilen und servieren.

Ernährung: Kalorien 135, Fett 4, Ballaststoffe 8, Kohlenhydrate 21,4, Protein 7,7

Schweinefleisch-Lauch-Suppe

Zubereitungszeit: 10 Minuten
Kochzeit: 40 Minuten
Portionen: 4

Zutaten:
- 1 Kilo Schweinebraten, in Würfel geschnitten
- Schwarzer Pfeffer nach Geschmack
- 5 Lauch, fein gehackt
- 1 gelbe Zwiebel, fein gehackt
- 2 Esslöffel Olivenöl
- 1 Esslöffel Petersilie, gehackt
- 6 Tassen natriumarme Rinderbrühe

Route:
4. Einen Topf mit Öl bei mittlerer Hitze erhitzen, Zwiebel und Lauch dazugeben, vermischen und 5 Minuten braten.
5. Das Fleisch dazugeben, vermischen und weitere 5 Minuten braten.
6. Die restlichen Zutaten hinzufügen, zum Kochen bringen und bei mittlerer Hitze 30 Minuten kochen lassen.
7. Die Suppe in Schüsseln füllen und servieren.

Ernährung: Kalorien 395, Fett 18,3, Ballaststoffe 2,6, Kohlenhydrate 18,4, Protein 38,2

Minzgarnelen-Brokkoli-Salat

Zubereitungszeit: 5 Minuten
Kochzeit: 20 Minuten
Portionen: 4

Zutaten:
- 1/3 Tasse natriumarme Gemüsebrühe
- 2 Esslöffel Olivenöl
- 2 Tassen Brokkoliröschen
- 1 Pfund Garnelen, geschält und entdarmt
- Schwarzer Pfeffer nach Geschmack
- 1 gelbe Zwiebel, fein gehackt
- 4 Kirschtomaten halbiert
- 2 Knoblauchzehen, gehackt
- Saft einer halben Zitrone
- ½ Tasse Kalamata-Oliven, entkernt und halbiert
- 1 Esslöffel Minze, gehackt

Route:
1. Eine Pfanne mit Öl bei mittlerer Hitze erhitzen, Zwiebel und Knoblauch dazugeben, vermischen und 3 Minuten braten.
2. Die Garnelen dazugeben, umrühren und weitere 2 Minuten kochen lassen.
3. Den Brokkoli und die anderen Zutaten hinzufügen, umrühren, alles 10 Minuten kochen lassen, in Schüsseln verteilen und zum Mittagessen servieren.

Ernährung: Kalorien 270, Fett 11,3, Ballaststoffe 4,1, Kohlenhydrate 14,3, Protein 28,9

Garnelen- und Kabeljausuppe

Zubereitungszeit: 10 Minuten
Kochzeit: 20 Minuten
Portionen: 4

Zutaten:

- 1 Liter natriumarme Hühnerbrühe
- ½ Pfund Garnelen, geschält und entdarmt
- ½ Pfund Kabeljaufilets, ohne Knochen, ohne Haut und gewürfelt
- 2 Esslöffel Olivenöl
- 2 Teelöffel Chilipulver
- 1 Teelöffel süßer Paprika
- 2 Schalotten, fein gehackt
- Eine Prise schwarzer Pfeffer
- 1 Esslöffel Dill, gehackt

Route:

1. Einen Topf mit Öl bei mittlerer Hitze erhitzen, die Schalotten dazugeben, vermischen und 5 Minuten braten.
2. Garnelen und Kabeljau hinzufügen und weitere 5 Minuten kochen lassen.
3. Die restlichen Zutaten hinzufügen, zum Kochen bringen und bei mittlerer Hitze 10 Minuten kochen lassen.
4. Die Suppe auf Schüsseln verteilen und servieren.

Ernährung: Kalorien 189, Fett 8,8, Ballaststoffe 0,8, Kohlenhydrate 3,2, Protein 24,6

Eine Mischung aus Garnelen und Frühlingszwiebeln

Zubereitungszeit: 10 Minuten
Kochzeit: 10 Minuten
Portionen: 4

Zutaten:
- 2 Kilo Garnelen, geschält und gekocht
- 1 Tasse Kirschtomaten, halbiert
- 1 Esslöffel Olivenöl
- 4 Frühlingszwiebeln, gehackt
- 1 Esslöffel Balsamico-Essig
- 1 Esslöffel Schnittlauch, gehackt

Route:
1. Eine Pfanne mit Öl bei mittlerer Hitze erhitzen, Zwiebeln und Kirschtomaten hinzufügen, umrühren und 4 Minuten köcheln lassen.
2. Garnelen und andere Zutaten hinzufügen, weitere 6 Minuten kochen lassen, auf Teller verteilen und servieren.

Ernährung: Kalorien 313, Fett 7,5, Ballaststoffe 1, Kohlenhydrate 6,4, Protein 52,4

Gerösteter Spinat

Zubereitungszeit: 10 Minuten
Kochzeit: 15 Minuten
Portionen: 4

Zutaten:
- 1 Esslöffel Olivenöl
- 1 Teelöffel Ingwer, gerieben
- 2 Knoblauchzehen, gehackt
- 1 gelbe Zwiebel, fein gehackt
- 2 Tomaten, gehackt
- 1 Tasse Dosentomaten, kein Salz
- 1 Teelöffel Kreuzkümmel, gemahlen
- Eine Prise schwarzer Pfeffer
- 1 Tasse natriumarme Gemüsebrühe
- 2 Kilo Spinatblätter

Route:
1. Eine Pfanne mit Öl bei mittlerer Hitze erhitzen, Ingwer, Knoblauch und Zwiebeln hinzufügen, vermischen und 5 Minuten braten.
2. Tomaten, Dosentomaten und andere Zutaten hinzufügen, vorsichtig umrühren, bei schwacher Hitze zum Kochen bringen und weitere 10 Minuten kochen lassen.
3. Den Eintopf auf Schüsseln verteilen und servieren.

Ernährung: Kalorien 123, Fett 4,8, Ballaststoffe 7,3, Kohlenhydrate 17, Protein 8,2

Curry-Blumenkohlmischung

Zubereitungszeit: 10 Minuten
Kochzeit: 25 Minuten
Portionen: 4

Zutaten:

- 1 rote Zwiebel, gehackt
- 1 Esslöffel Olivenöl
- 2 Knoblauchzehen, gehackt
- 1 rote Paprika, gehackt
- 1 grüne Paprika, gehackt
- 1 Esslöffel Limettensaft
- 1 Kilo Blumenkohlröschen
- 14 oz Dosentomaten, gewürfelt
- 2 Teelöffel Currypulver
- Eine Prise schwarzer Pfeffer
- 2 Tassen Kokoscreme
- 1 Esslöffel Koriander, gehackt

Route:

1. Einen Topf mit Öl bei mittlerer Hitze erhitzen, Zwiebel und Knoblauch hinzufügen, vermischen und 5 Minuten kochen lassen.
2. Das Paprikapulver und die anderen Zutaten dazugeben, alles aufkochen und bei mittlerer Hitze 20 Minuten kochen lassen.
3. Alles auf Schüsseln verteilen und servieren.

Ernährung: Kalorien 270, Fett 7,7, Ballaststoffe 5,4, Kohlenhydrate 12,9, Protein 7

Karotten-Zucchini-Eintopf

Zubereitungszeit: 10 Minuten
Kochzeit: 30 Minuten
Portionen: 4

Zutaten:
- 1 gelbe Zwiebel, fein gehackt
- 2 Esslöffel Olivenöl
- 2 Knoblauchzehen, gehackt
- 4 Zucchini, in Scheiben geschnitten
- 2 Karotten, in Scheiben geschnitten
- 1 Teelöffel süßer Paprika
- ¼ Teelöffel Chilipulver
- Eine Prise schwarzer Pfeffer
- ½ Tasse Tomaten, gehackt
- 2 Tassen natriumarme Gemüsebrühe
- 1 Esslöffel Schnittlauch, gehackt
- 1 Esslöffel Rosmarin, gehackt

Route:
1. Eine Pfanne mit Öl bei mittlerer Hitze erhitzen, Zwiebel und Knoblauch dazugeben, vermischen und 5 Minuten braten.
2. Zucchini, Karotten und andere Zutaten dazugeben, aufkochen und weitere 25 Minuten kochen lassen.
3. Den Eintopf auf Schüsseln verteilen und sofort zum Mittagessen servieren.

Ernährung: Kalorien 272, Fett 4,6, Ballaststoffe 4,7, Kohlenhydrate 14,9, Protein 9

Eintopf aus Kohl und grünen Bohnen

Zubereitungszeit: 10 Minuten
Kochzeit: 25 Minuten
Portionen: 4

Zutaten:
- 2 Esslöffel Olivenöl
- 1 Kopf Rotkohl, gehackt
- 1 rote Zwiebel, gehackt
- 1 Kilo grüne Bohnen, geschnitten und halbiert
- 2 Knoblauchzehen, gehackt
- 7 Unzen Dosentomaten, ungesalzen, gehackt
- 2 Tassen natriumarme Gemüsebrühe
- Eine Prise schwarzer Pfeffer
- 1 Esslöffel Dill, gehackt

Route:
1. Einen Topf mit Öl bei mittlerer Hitze erhitzen, Zwiebel und Knoblauch dazugeben, vermischen und 5 Minuten braten.
2. Den Kohl und die anderen Zutaten dazugeben, vermischen, abdecken und bei mittlerer Hitze 20 Minuten köcheln lassen.
3. Auf Schüsseln verteilen und zum Mittagessen servieren.

Ernährung: Kalorien 281, Fett 8,5, Ballaststoffe 7,1, Kohlenhydrate 14,9, Protein 6,7

Chili-Pilz-Suppe

Zubereitungszeit: 5 Minuten
Kochzeit: 30 Minuten
Portionen: 4

Zutaten:
- 1 gelbe Zwiebel, fein gehackt
- 1 Esslöffel Olivenöl
- 1 rote Chilischote, gehackt
- 1 Teelöffel Chilipulver
- ½ Teelöffel scharfe Paprika
- 4 Knoblauchzehen, gehackt
- 1 Kilo weiße Champignons, in Scheiben geschnitten
- 6 Tassen natriumarme Gemüsebrühe
- 1 Tasse Tomaten, gehackt
- ½ Esslöffel Petersilie, gehackt

Route:
1. Eine Pfanne mit Öl bei mittlerer Hitze erhitzen, Zwiebel, Chilischote, Peperoni, Chilipulver und Knoblauch hinzufügen, umrühren und 5 Minuten braten.
2. Die Pilze dazugeben, vermischen und weitere 5 Minuten kochen lassen.
3. Die restlichen Zutaten hinzufügen, zum Kochen bringen und bei mittlerer Hitze 20 Minuten kochen lassen.
4. Die Suppe auf Schüsseln verteilen und servieren.

Ernährung: Kalorien 290, Fett 6,6, Ballaststoffe 4,6, Kohlenhydrate 16,9, Protein 10

Chili-Schweinefleisch

Zubereitungszeit: 10 Minuten
Kochzeit: 30 Minuten
Portionen: 4

Zutaten:
- 2 Kilo Schweinebraten, in Würfel geschnitten
- 2 Esslöffel Chilipaste
- 1 gelbe Zwiebel, fein gehackt
- 2 Knoblauchzehen, gehackt
- 1 Esslöffel Olivenöl
- 2 Tassen natriumarme Rinderbrühe
- 1 Esslöffel Oregano, gehackt

Route:
1. Einen Topf mit Öl bei mittlerer Hitze erhitzen, Zwiebel und Knoblauch dazugeben, vermischen und 5 Minuten braten.
2. Das Fleisch hinzufügen und weitere 5 Minuten braten.
3. Die restlichen Zutaten hinzufügen, aufkochen und bei mittlerer Hitze weitere 20 Minuten kochen lassen.
4. Die Mischung auf Schüsseln verteilen und servieren.

Ernährung: Kalorien 363, Fett 8,6, Ballaststoffe 7, Kohlenhydrate 17,3, Protein 18,4

Pfeffer-Pilz-Lachs-Salat

Zubereitungszeit: 10 Minuten
Kochzeit: 20 Minuten
Portionen: 4

Zutaten:
- 10 Unzen geräucherter Lachs, natriumarm, ohne Knochen, ohne Haut und gewürfelt
- 2 Frühlingszwiebeln, gehackt
- 2 rote Chilischoten, gehackt
- 1 Esslöffel Olivenöl
- ½ Teelöffel Oregano, getrocknet
- ½ Teelöffel geräuchertes Paprikapulver
- Eine Prise schwarzer Pfeffer
- 8 Unzen weiße Champignons, in Scheiben geschnitten
- 1 Esslöffel Zitronensaft
- 1 Tasse schwarze Oliven entkernt und halbiert
- 1 Esslöffel Petersilie, gehackt

Route:
1. Eine Pfanne mit Öl bei mittlerer Hitze erhitzen, Zwiebel und Chili hinzufügen, vermischen und 4 Minuten kochen lassen.
2. Die Pilze dazugeben, vermischen und 5 Minuten braten.
3. Den Lachs und die anderen Zutaten hinzufügen, umrühren, weitere 10 Minuten kochen lassen, in Schüsseln verteilen und zum Mittagessen servieren.

Ernährung: Kalorien 321, Fett 8,5, Ballaststoffe 8, Kohlenhydrate 22,2, Protein 13,5

Gemischte Kichererbsen und Kartoffeln

Zubereitungszeit: 10 Minuten
Kochzeit: 30 Minuten
Portionen: 4

Zutaten:
- 2 Esslöffel Olivenöl
- 1 Tasse Kichererbsen aus der Dose, ohne Salz, abseihen und abspülen
- 1 Kilo Süßkartoffeln, geschält und in Scheiben geschnitten
- 4 Knoblauchzehen, gehackt
- 2 Schalotten, fein gehackt
- 1 Tasse Dosentomaten, salzfrei und gehackt
- 1 Teelöffel Koriander, gemahlen
- 2 Tomaten, gehackt
- 1 Tasse natriumarme Gemüsebrühe
- Eine Prise schwarzer Pfeffer
- 1 Esslöffel Zitronensaft
- 1 Esslöffel Koriander, gehackt

Route:
1. Eine Pfanne mit Öl bei mittlerer Hitze erhitzen, Schalotten und Knoblauch dazugeben, vermischen und 5 Minuten braten.
2. Kichererbsen, Kartoffeln und andere Zutaten hinzufügen, aufkochen und bei mittlerer Hitze 25 Minuten kochen lassen.

3. Wir teilen alles in Schüsseln auf und servieren es zum Mittagessen.

Ernährung: Kalorien 341, Fett 11,7, Ballaststoffe 6, Kohlenhydrate 14,9, Protein 18,7

Kardamom-Hühnermischung

Zubereitungszeit: 10 Minuten
Kochzeit: 30 Minuten
Portionen: 4

Zutaten:
- 1 Esslöffel Olivenöl
- 1 Kilo Hähnchenbrust ohne Haut, ohne Knochen und in Würfel geschnitten
- 1 Schalotte, fein gehackt
- 1 Esslöffel Ingwer, gerieben
- 2 Knoblauchzehen, gehackt
- 1 Teelöffel Kardamom, gemahlen
- ½ Teelöffel Kurkumapulver
- 1 Teelöffel Limettensaft
- 1 Tasse natriumarme Hühnerbrühe
- 1 Esslöffel Koriander, gehackt

Route:
1. Eine Pfanne mit Öl bei mittlerer Hitze erhitzen, Schalotte, Ingwer, Knoblauch, Kardamom und Kurkuma hinzufügen, vermischen und 5 Minuten braten.
2. Das Fleisch hinzufügen und 5 Minuten braten.
3. Die restlichen Zutaten hinzufügen, alles zum Kochen bringen und 20 Minuten kochen lassen.
4. Die Mischung auf Schüsseln verteilen und servieren.

Ernährung: Kalorien 175, Fett 6,5, Ballaststoffe 0,5, Kohlenhydrate 3,3, Protein 24,7

Linsen-Chili

Zubereitungszeit: 10 Minuten
Kochzeit: 35 Minuten
Portionen: 6

Zutaten:
- 1 grüne Paprika, gehackt
- 1 Esslöffel Olivenöl
- 2 Frühlingszwiebeln, fein gehackt
- 2 Knoblauchzehen, gehackt
- 24 oz Linsen aus der Dose, ohne Salz, abgetropft und abgespült
- 2 Tassen Gemüsebrühe
- 2 Esslöffel Chilipulver, mild
- ½ Teelöffel Chipotle-Pulver
- 30 Unzen Dosentomaten, ungesalzen, gehackt
- Eine Prise schwarzer Pfeffer

Route:
1. Eine Pfanne mit Öl bei mittlerer Hitze erhitzen, Zwiebel und Knoblauch dazugeben, vermischen und 5 Minuten braten.
2. Paprika, Linsen und andere Zutaten hinzufügen, aufkochen und bei mittlerer Hitze 30 Minuten kochen lassen.
3. Das Chili auf Schüsseln verteilen und zum Mittagessen servieren.

Ernährung: Kalorien 466, Fett 5, Ballaststoffe 37,6, Kohlenhydrate 77,9, Protein 31,2

Ahorn-Pfirsich-Mischung

Zubereitungszeit: 10 Minuten
Kochzeit: 15 Minuten
Portionen: 4

Zutaten:
- 4 Pfirsiche, entkernt und gewürfelt
- ¼ Tasse Ahornsirup
- ¼ Teelöffel Mandelextrakt
- ½ Tasse Mandelmilch

Route:
1. Die Mandelmilch in einen Topf geben, bei mittlerer Hitze köcheln lassen, die Pfirsiche und die anderen Zutaten hinzufügen, umrühren, 15 Minuten kochen lassen, in Schüsseln verteilen und zum Frühstück servieren.

Ernährung: Kalorien 180, Fett 7,6, Ballaststoffe 3, Kohlenhydrate 28,9, Protein 2,1

Zimtreis und Datteln

Zubereitungszeit: 10 Minuten
Kochzeit: 20 Minuten
Portionen: 4

Zutaten:
- 1 Tasse weißer Reis
- 2 Tassen Mandelmilch
- 4 Datteln, gehackt
- 2 Esslöffel Zimtpulver
- 2 Esslöffel Kokosnusszucker

Route:
1. In einem Topf den Reis mit der Milch und den anderen Zutaten vermischen, zum Kochen bringen und bei mittlerer Hitze 20 Minuten kochen lassen.
2. Die Mischung noch einmal umrühren, in Schüsseln verteilen und zum Frühstück servieren.

Ernährung: Kalorien 516, Fett 29, Ballaststoffe 3,9, Kohlenhydrate 59,4, Protein 6,8

Feigen-, Birnen- und Granatapfeljoghurt

Zubereitungszeit: 10 Minuten
Kochzeit: 0 Minuten
Portionen: 4

Zutaten:
- 1 Tasse Feigen, halbiert
- 1 Birne, entkernt und gewürfelt
- ½ Tasse Granatapfelkerne
- ½ Tasse Kokosnusszucker
- 2 Tassen fettfreier Joghurt

Route:
1. Die Feigen mit dem Joghurt und den anderen Zutaten in einer Schüssel vermischen, umrühren, auf Schüsseln verteilen und zum Frühstück servieren.

Ernährung: Kalorien 223, Fett 0,5, Ballaststoffe 6,1, Kohlenhydrate 52, Protein 4,5

Rosmarin-Endivie

Zubereitungszeit: 10 Minuten
Kochzeit: 20 Minuten
Portionen: 4

Zutaten:
- 2 Endivien, der Länge nach halbiert
- 2 Esslöffel Olivenöl
- 1 Teelöffel Rosmarin, getrocknet
- ½ Teelöffel Kurkumapulver
- Eine Prise schwarzer Pfeffer

Route:
1. In einer Pfanne die Endivie mit dem Öl und den anderen Zutaten vermischen, vorsichtig umrühren, in den Ofen schieben und bei 400 Grad 20 Minuten backen.
2. Auf Teller verteilen und als Beilage servieren.

Ernährung: Kalorien 66, Fett 7,1, Ballaststoffe 1, Kohlenhydrate 1,2, Protein 0,3

Zitronen-Endivie

Zubereitungszeit: 10 Minuten
Kochzeit: 20 Minuten
Portionen: 4

Zutaten:
- 4 Endivien, der Länge nach halbiert
- 1 Esslöffel Zitronensaft
- 1 Esslöffel Zitronenschale, gerieben
- 2 Esslöffel fettfreier Parmesan, gerieben
- 2 Esslöffel Olivenöl
- Eine Prise schwarzer Pfeffer

Route:
1. In einer Auflaufform die Endivie mit dem Zitronensaft und den restlichen Zutaten, bis auf den Parmesan, vermischen und vermengen.
2. Den Parmesan darüber streuen, die Endivie 20 Minuten bei 200 °C backen, auf Teller verteilen und als Beilage servieren.

Ernährung: Kalorien 71, Fett 7,1, Ballaststoffe 0,9, Kohlenhydrate 2,3, Protein 0,9

Pesto-Spargel

Zubereitungszeit: 10 Minuten
Kochzeit: 20 Minuten
Portionen: 4

Zutaten:

- 1 Kilo Spargel, geschnitten
- 2 Esslöffel Basilikumpesto
- 1 Esslöffel Zitronensaft
- Eine Prise schwarzer Pfeffer
- 3 Esslöffel Olivenöl
- 2 Esslöffel Koriander, gehackt

Route:

1. Den Spargel in einer mit Backpapier ausgelegten Pfanne anrichten, das Pesto und die anderen Zutaten dazugeben, umrühren, in den Ofen schieben und bei 400 Grad 20 Minuten backen.
2. Auf Teller verteilen und als Beilage servieren.

Ernährung: Kalorien 114, Fett 10,7, Ballaststoffe 2,4, Kohlenhydrate 4,6, Protein 2,6

Paprika-Karotte

Zubereitungszeit: 10 Minuten
Kochzeit: 30 Minuten
Portionen: 4

Zutaten:
- 1 Kilo Babykarotten, gehackt
- 1 Esslöffel süßer Paprika
- 1 Teelöffel Limettensaft
- 3 Esslöffel Olivenöl
- Eine Prise schwarzer Pfeffer
- 1 Teelöffel Sesamkörner

Route:
1. Die Karotten auf ein mit Backpapier ausgelegtes Backblech legen, das Paprikapulver und die übrigen Zutaten bis auf die Sesamkörner dazugeben, umrühren, in den Ofen schieben und bei 400 Grad 30 Minuten backen.
2. Die Karotten auf Teller verteilen, Sesam darüber streuen und als Beilage servieren.

Ernährung: Kalorien 142, Fett 11,3, Ballaststoffe 4,1, Kohlenhydrate 11,4, Protein 1,2

Ofenkartoffeln mit Sahne

Zubereitungszeit: 10 Minuten
Kochzeit: 1 Stunde
Portionen: 8

Zutaten:
- 1 Pfund goldene Kartoffeln, geschält und in Spalten geschnitten
- 2 Esslöffel Olivenöl
- 1 rote Zwiebel, gehackt
- 2 Knoblauchzehen, gehackt
- 2 Tassen Kokoscreme
- 1 Esslöffel Thymian, gehackt
- ¼ Teelöffel Muskatnuss, gemahlen
- ½ Tasse fettarmer Parmesan, gerieben

Route:
1. Eine Pfanne mit Öl bei mittlerer Hitze erhitzen, Zwiebel und Knoblauch hinzufügen und 5 Minuten braten.
2. Die Kartoffeln hinzufügen und weitere 5 Minuten braten.
3. Die Sahne und die anderen Zutaten dazugeben, vorsichtig umrühren und bei schwacher Hitze weitere 40 Minuten kochen lassen.
4. Die Mischung auf Teller verteilen und als Beilage servieren.

Ernährung: Kalorien 230, Fett 19,1, Ballaststoffe 3,3, Kohlenhydrate 14,3, Protein 3,6

Sesamkohl

Zubereitungszeit: 10 Minuten
Kochzeit: 20 Minuten
Portionen: 4

Zutaten:
- 1 Kilo Grünkohl, grob gehackt
- 2 Esslöffel Olivenöl
- Eine Prise schwarzer Pfeffer
- 1 Schalotte, fein gehackt
- 2 Knoblauchzehen, gehackt
- 2 Esslöffel Balsamico-Essig
- 2 Teelöffel scharfe Paprika
- 1 Teelöffel Sesamkörner

Route:
1. Eine Pfanne mit Öl bei mittlerer Hitze erhitzen, Schalotten und Knoblauch hinzufügen und 5 Minuten braten.
2. Den Kohl und die anderen Zutaten dazugeben, umrühren, bei mittlerer Hitze 15 Minuten kochen, auf Teller verteilen und servieren.

Ernährung: Kalorien 101, Fett 7,6, Ballaststoffe 3,4, Kohlenhydrate 84, Protein 1,9

Koriander-Brokkoli

Zubereitungszeit: 10 Minuten
Kochzeit: 30 Minuten
Portionen: 4

Zutaten:
- 2 Esslöffel Olivenöl
- 1 Kilo Brokkoliröschen
- 2 Knoblauchzehen, gehackt
- 2 Esslöffel Chilisauce
- 1 Esslöffel Zitronensaft
- Eine Prise schwarzer Pfeffer
- 2 Esslöffel Koriander, gehackt

Route:
1. Den Brokkoli mit dem Öl, dem Knoblauch und den anderen Zutaten in einer Pfanne vermischen, etwas schwenken, in den Ofen schieben und bei 400 Grad 30 Minuten backen.
2. Die Mischung auf Teller verteilen und als Beilage servieren.

Ernährung: Kalorien 103, Fett 7,4, Ballaststoffe 3, Kohlenhydrate 8,3, Protein 3,4

Chili-Rosenkohl

Zubereitungszeit: 10 Minuten
Kochzeit: 25 Minuten
Portionen: 4

Zutaten:
- 1 Esslöffel Olivenöl
- 1 Kilo Rosenkohl, geputzt und halbiert
- 2 Knoblauchzehen, gehackt
- ½ Tasse fettarmer Mozzarella, gerieben
- Eine Prise Paprika, zerstoßen

Route:
1. In einer Pfanne die Sprossen mit dem Öl und den restlichen Zutaten außer dem Käse vermischen und vermengen.
2. Den Käse darüberstreuen, in den Ofen schieben und 25 Minuten bei 400 Grad backen.
3. Auf Teller verteilen und als Beilage servieren.

Ernährung: Kalorien 91, Fett 4,5, Ballaststoffe 4,3, Kohlenhydrate 10,9, Protein 5

Mischung aus Rosenkohl und Frühlingszwiebeln

Zubereitungszeit: 10 Minuten
Kochzeit: 25 Minuten
Portionen: 4

Zutaten:
- 2 Esslöffel Olivenöl
- 1 Kilo Rosenkohl, geputzt und halbiert
- 3 Frühlingszwiebeln, gehackt
- 2 Knoblauchzehen, gehackt
- 1 Esslöffel Balsamico-Essig
- 1 Esslöffel süßer Paprika
- Eine Prise schwarzer Pfeffer

Route:
1. Den Rosenkohl mit dem Öl und den anderen Zutaten in einer Pfanne vermischen, umrühren und bei 400 Grad 25 Minuten backen.
2. Die Mischung auf Teller verteilen und servieren.

Ernährung: Kalorien 121, Fett 7,6, Ballaststoffe 5,2, Kohlenhydrate 12,7, Protein 4,4

Zerbrochener Blumenkohl

Zubereitungszeit: 10 Minuten
Kochzeit: 25 Minuten
Portionen: 4

Zutaten:
- 2 Kilo Blumenkohlröschen
- ½ Tasse Kokosmilch
- Eine Prise schwarzer Pfeffer
- ½ Tasse fettarme saure Sahne
- 1 Esslöffel Koriander, gehackt
- 1 Esslöffel Schnittlauch, gehackt

Route:
1. Den Blumenkohl in einen Topf geben, mit Wasser bedecken, bei mittlerer Hitze zum Kochen bringen, 25 Minuten kochen lassen und dann abtropfen lassen.
2. Den Blumenkohl zerstampfen, Milch, schwarzen Pfeffer und Sahne hinzufügen, gut verrühren, auf Teller verteilen, mit den anderen Zutaten bestreuen und servieren.

Ernährung: Kalorien 188, Fett 13,4, Ballaststoffe 6,4, Kohlenhydrate 15, Protein 6,1

Avocadosalat

Zubereitungszeit: 5 Minuten
Kochzeit: 0 Minuten
Portionen: 4

Zutaten:
- 2 Esslöffel Olivenöl
- 2 Avocados, geschält, entkernt und in Scheiben geschnitten
- 1 Tasse Kalamata-Oliven entkernt und halbiert
- 1 Tasse Tomaten, gewürfelt
- 1 Esslöffel Ingwer, gerieben
- Eine Prise schwarzer Pfeffer
- 2 Tassen Baby-Rucola
- 1 Esslöffel Balsamico-Essig

Route:
1. In einer Schüssel die Avocado mit der Kalamata und den anderen Zutaten vermischen, vermengen und als Beilage servieren.

Ernährung: Kalorien 320, Fett 30,4, Ballaststoffe 8,7, Kohlenhydrate 13,9, Protein 3

Radieschen-Salat

Zubereitungszeit: 5 Minuten
Kochzeit: 0 Minuten
Portionen: 4

Zutaten:
- 2 Frühlingszwiebeln, in Scheiben geschnitten
- 1 Kilo Radieschen, gewürfelt
- 2 Esslöffel Balsamico-Essig
- 2 Esslöffel Olivenöl
- 1 Teelöffel Chilipulver
- 1 Tasse schwarze Oliven entkernt und halbiert
- Eine Prise schwarzer Pfeffer

Route:
1. In einer großen Salatschüssel den Rettich mit der Zwiebel und den anderen Zutaten vermischen, vermengen und als Beilage servieren.

Ernährung: Kalorien 123, Fett 10,8, Ballaststoffe 3,3, Kohlenhydrate 7, Protein 1,3

Zitronen-Endiviensalat

Zubereitungszeit: 5 Minuten
Kochzeit: 0 Minuten
Portionen: 4

Zutaten:
- 2 Endivien, grob gehackt
- 1 Esslöffel Dill, gehackt
- ¼ Tasse Zitronensaft
- ¼ Tasse Olivenöl
- 2 Tassen Babyspinat
- 2 Tomaten, gewürfelt
- 1 Gurke, in Scheiben geschnitten
- ½ Tasse Walnüsse, gehackt

Route:
1. In einer großen Schüssel die Endivie mit dem Spinat und den anderen Zutaten vermischen, vermengen und als Beilage servieren.

Ernährung: Kalorien 238, Fett 22,3, Ballaststoffe 3,1, Kohlenhydrate 8,4, Protein 5,7

Oliven-Mais-Mischung

Zubereitungszeit: 5 Minuten
Kochzeit: 0 Minuten
Portionen: 4

Zutaten:

- 2 Esslöffel Olivenöl
- 1 Esslöffel Balsamico-Essig
- Eine Prise schwarzer Pfeffer
- 4 Tassen Mais
- 2 Tassen schwarze Oliven entkernt und halbiert
- 1 rote Zwiebel, gehackt
- ½ Tasse Kirschtomaten, halbiert
- 1 Esslöffel Basilikum, gehackt
- 1 Esslöffel Jalapeno, gehackt
- 2 Tassen Römersalat, gehackt

Route:

1. Den Mais mit den Oliven, dem Salat und den anderen Zutaten in einer großen Schüssel vermischen, gut vermischen, auf Teller verteilen und als Beilage servieren.

Ernährung: Kalorien 290, Fett 16,1, Ballaststoffe 7,4, Kohlenhydrate 37,6, Protein 6,2

Rucola- und Pinienkernsalat

Zubereitungszeit: 5 Minuten
Kochzeit: 0 Minuten
Portionen: 4

Zutaten:
- ¼ Tasse Granatapfelkerne
- 5 Tassen Baby-Rucola
- 6 Esslöffel Frühlingszwiebeln, gehackt
- 1 Esslöffel Balsamico-Essig
- 2 Esslöffel Olivenöl
- 3 Esslöffel Pinienkerne
- ½ Schalotte, fein gehackt

Route:
1. In einer Salatschüssel den Rucola mit dem Granatapfel und den anderen Zutaten vermischen, vermischen und servieren.

Ernährung: Kalorien 120, Fett 11,6, Ballaststoffe 0,9, Kohlenhydrate 4,2, Protein 1,8

Mandeln und Spinat

Zubereitungszeit: 10 Minuten
Kochzeit: 0 Minuten
Portionen: 4

Zutaten:
- 2 Esslöffel Olivenöl
- 2 Avocados, geschält, entkernt und in Scheiben geschnitten
- 3 Tassen Babyspinat
- ¼ Tasse Mandeln, geröstet und gehackt
- 1 Esslöffel Zitronensaft
- 1 Esslöffel Koriander, gehackt

Route:
1. Avocado mit Mandeln, Spinat und anderen Zutaten in einer Schüssel vermischen, umrühren und als Beilage servieren.

Ernährung: Kalorien 181, Fett 4, Ballaststoffe 4,8, Kohlenhydrate 11,4, Protein 6

Salat aus grünen Bohnen und Mais

Zubereitungszeit: 4 Minuten
Kochzeit: 0 Minuten
Portionen: 4

Zutaten:
- Saft von 1 Limette
- 2 Tassen Römersalat, gehackt
- 1 Tasse Mais
- ½ Pfund grüne Bohnen, blanchiert und halbiert
- 1 Gurke, gehackt
- 1/3 Tasse Schnittlauch, gehackt

Route:
1. In einer Schüssel die grünen Bohnen mit dem Mais und den anderen Zutaten vermischen, vermengen und servieren.

Ernährung: Kalorien 225, Fett 12, Ballaststoffe 2,4, Kohlenhydrate 11,2, Protein 3,5

Endivien- und Grünkohlsalat

Zubereitungszeit: 4 Minuten
Kochzeit: 0 Minuten
Portionen: 4

Zutaten:
- 3 Esslöffel Olivenöl
- 2 Endivien, geschnitten und gehackt
- 2 Esslöffel Limettensaft
- 1 Esslöffel Limettenschale, gerieben
- 1 rote Zwiebel, in Scheiben geschnitten
- 1 Esslöffel Balsamico-Essig
- 1 Kilo Grünkohl, zerrissen
- Eine Prise schwarzer Pfeffer

Route:
1. Den Endivien mit dem Grünkohl und den anderen Zutaten in einer Schüssel vermischen, gut vermischen und kalt als Beilage servieren.

Ernährung: Kalorien 270, Fett 11,4, Ballaststoffe 5, Kohlenhydrate 14,3, Protein 5,7

Edamame-Salat

Zubereitungszeit: 5 Minuten
Kochzeit: 6 Minuten
Portionen: 4

Zutaten:
- 2 Esslöffel Olivenöl
- 2 Esslöffel Balsamico-Essig
- 2 Knoblauchzehen, gehackt
- 3 Tassen Edamame, geschält
- 1 Esslöffel Schnittlauch, gehackt
- 2 Schalotten, fein gehackt

Route:
1. Eine Pfanne mit Öl bei mittlerer Hitze erhitzen, Edamame, Knoblauch und andere Zutaten hinzufügen, vermischen, 6 Minuten kochen lassen, auf die Teller verteilen und servieren.

Ernährung: Kalorien 270, Fett 8,4, Ballaststoffe 5,3, Kohlenhydrate 11,4, Protein 6

Trauben-Avocado-Salat

Zubereitungszeit: 5 Minuten
Kochzeit: 0 Minuten
Portionen: 4

Zutaten:

- 2 Tassen Babyspinat
- 2 Avocados, geschält, entkernt und grob gewürfelt
- 1 Gurke, in Scheiben geschnitten
- 1 ½ Tassen grüne Weintrauben, halbiert
- 2 Esslöffel Avocadoöl
- 1 Esslöffel Apfelessig
- 2 Esslöffel Petersilie, gehackt
- Eine Prise schwarzer Pfeffer

Route:

1. In einer Salatschüssel den Babyspinat mit der Avocado und den anderen Zutaten vermischen, vermengen und servieren.

Ernährung: Kalorien 277, Fett 11,4, Ballaststoffe 5, Kohlenhydrate 14,6, Protein 4

Oregano-Auberginen-Mischung

Zubereitungszeit: 10 Minuten
Kochzeit: 20 Minuten
Portionen: 4

Zutaten:
- 2 große Auberginen, grob gewürfelt
- 1 Esslöffel Oregano, gehackt
- ½ Tasse fettarmer Parmesan, gerieben
- ¼ Teelöffel Knoblauchpulver
- 2 Esslöffel Olivenöl
- Eine Prise schwarzer Pfeffer

Route:
1. In einer Auflaufform die Aubergine mit dem Oregano und den restlichen Zutaten, bis auf den Käse, vermischen und vermengen.
2. Parmesan darüber streuen, in den Ofen schieben und bei 370 Grad 20 Minuten backen.
3. Auf Teller verteilen und als Beilage servieren.

Ernährung: Kalorien 248, Fett 8,4, Ballaststoffe 4, Kohlenhydrate 14,3, Protein 5,4

Gebackene Tomatenmischung

Zubereitungszeit: 10 Minuten
Kochzeit: 20 Minuten
Portionen: 4

Zutaten:
- 2 Kilo Tomaten, halbiert
- 1 Esslöffel Basilikum, gehackt
- 3 Esslöffel Olivenöl
- Schale von 1 Zitrone, gerieben
- 3 Knoblauchzehen, gehackt
- ¼ Tasse fettarmer Parmesan, gerieben
- Eine Prise schwarzer Pfeffer

Route:
1. In einer Backform die Tomaten mit dem Basilikum und den anderen Zutaten außer dem Käse vermischen und verrühren.
2. Den Parmesan darüber streuen, für 20 Minuten bei 180 °C in den Ofen stellen, auf Teller verteilen und als Beilage servieren.

Ernährung: Kalorien 224, Fett 12, Ballaststoffe 4,3, Kohlenhydrate 10,8, Protein 5,1

Thymianpilz

Zubereitungszeit: 10 Minuten
Kochzeit: 30 Minuten
Portionen: 4

Zutaten:
- 2 Kilo weiße Champignons, halbiert
- 4 Knoblauchzehen, gehackt
- 2 Esslöffel Olivenöl
- 1 Esslöffel Thymian, gehackt
- 2 Esslöffel Petersilie, gehackt
- Schwarzer Pfeffer nach Geschmack

Route:
1. In einer Pfanne die Pilze mit dem Knoblauch und den anderen Zutaten vermischen, vermischen, in den Ofen schieben und 30 Minuten bei 400 Grad backen.
2. Auf Teller verteilen und als Beilage servieren.

Ernährung: Kalorien 251, Fett 9,3, Ballaststoffe 4, Kohlenhydrate 13,2, Protein 6

Spinat-Mais-Sauté

Zubereitungszeit: 10 Minuten
Kochzeit: 15 Minuten
Portionen: 4

Zutaten:
- 1 Tasse Mais
- 1 Kilo Spinatblätter
- 1 Teelöffel süßer Paprika
- 1 Esslöffel Olivenöl
- 1 gelbe Zwiebel, fein gehackt
- ½ Tasse Basilikum, zerrissen
- Eine Prise schwarzer Pfeffer
- ½ Teelöffel rote Paprikaflocken

Route:
1. Eine Pfanne mit Öl bei mittlerer Hitze erhitzen, die Zwiebel dazugeben, umrühren und 5 Minuten braten.
2. Mais, Spinat und andere Zutaten hinzufügen, umrühren, weitere 10 Minuten bei mittlerer Hitze kochen, auf Teller verteilen und servieren.

Ernährung: Kalorien 201, Fett 13,1, Ballaststoffe 2,5, Kohlenhydrate 14,4, Protein 3,7

Mais und Schalotten anbraten

Zubereitungszeit: 10 Minuten
Kochzeit: 15 Minuten
Portionen: 4

Zutaten:
- 4 Tassen Mais
- 1 Esslöffel Avocadoöl
- 2 Schalotten, fein gehackt
- 1 Teelöffel Chilipulver
- 2 Esslöffel Tomatenmark, ohne Salz
- 3 Schalotten, gehackt
- Eine Prise schwarzer Pfeffer

Route:
1. Eine Pfanne mit Öl bei mittlerer Hitze erhitzen, Frühlingszwiebeln und Chilipulver hinzufügen, umrühren und 5 Minuten köcheln lassen.
2. Den Mais und die anderen Zutaten hinzufügen, umrühren, weitere 10 Minuten kochen lassen, auf Teller verteilen und als Beilage servieren.

Ernährung: Kalorien 259, Fett 11,1, Ballaststoffe 2,6, Kohlenhydrate 13,2, Protein 3,5

Spinat-Mango-Salat

Zubereitungszeit: 10 Minuten
Kochzeit: 0 Minuten
Portionen: 4

Zutaten:
- 1 Tasse Mango, geschält und gewürfelt
- 4 Tassen Babyspinat
- 1 Esslöffel Olivenöl
- 2 Frühlingszwiebeln, fein gehackt
- 1 Esslöffel Zitronensaft
- 1 Esslöffel Kapern, abgetropft, ohne Salz
- 1/3 Tasse Mandeln, gehackt

Route:
1. In einer Schüssel den Spinat mit der Mango und den anderen Zutaten vermischen, umrühren und servieren.

Ernährung: Kalorien 200, Fett 7,4, Ballaststoffe 3, Kohlenhydrate 4,7, Protein 4,4

Kartoffeln mit Senf

Zubereitungszeit: 5 Minuten
Kochzeit: 1 Stunde
Portionen: 4

Zutaten:
- 1 Pfund goldene Kartoffeln, geschält und in Spalten geschnitten
- 2 Esslöffel Olivenöl
- Eine Prise schwarzer Pfeffer
- 2 Esslöffel Rosmarin, gehackt
- 1 Esslöffel Dijon-Senf
- 2 Knoblauchzehen, gehackt

Route:
1. In einer Auflaufform die Kartoffeln mit dem Öl und den anderen Zutaten vermischen, vermengen, in den auf 200 °C vorgeheizten Ofen stellen und etwa 1 Stunde lang backen.
2. Auf Teller verteilen und sofort als Beilage servieren.

Ernährung: Kalorien 237, Fett 11,5, Ballaststoffe 6,4, Kohlenhydrate 14,2, Protein 9

Rosenkohl mit Kokosnuss

Zubereitungszeit: 5 Minuten
Kochzeit: 30 Minuten
Portionen: 4

Zutaten:
- 1 Kilo Rosenkohl, geputzt und halbiert
- 1 Tasse Kokoscreme
- 1 Esslöffel Olivenöl
- 2 Schalotten, fein gehackt
- Eine Prise schwarzer Pfeffer
- ½ Tasse Cashewnüsse, gehackt

Route:
1. In einer Pfanne die Sprossen mit der Sahne und den anderen Zutaten vermischen, umrühren und im Ofen 30 Minuten bei 180 °C backen.
2. Auf Teller verteilen und als Beilage servieren.

Ernährung: Kalorien 270, Fett 6,5, Ballaststoffe 5,3, Kohlenhydrate 15,9, Protein 3,4

Salbei-Karotten

Zubereitungszeit: 10 Minuten
Kochzeit: 30 Minuten
Portionen: 4

Zutaten:
- 2 Esslöffel Olivenöl
- 2 Teelöffel süßer Paprika
- 1 Kilo Karotten, geschält und grob gewürfelt
- 1 rote Zwiebel, gehackt
- 1 Esslöffel Salbei, gehackt
- Eine Prise schwarzer Pfeffer

Route:
1. In einer Auflaufform die Karotten mit dem Öl und den restlichen Zutaten vermischen, vermischen und 30 Minuten bei 180 °C backen.
2. Auf Teller verteilen und servieren.

Ernährung: Kalorien 200, Fett 8,7, Ballaststoffe 2,5, Kohlenhydrate 7,9, Protein 4

Knoblauchpilze und Mais

Zubereitungszeit: 10 Minuten
Kochzeit: 20 Minuten
Portionen: 4

Zutaten:
- 1 Kilo weiße Champignons, halbiert
- 2 Tassen Mais
- 2 Esslöffel Olivenöl
- 4 Knoblauchzehen, gehackt
- 1 Tasse Dosentomaten, ungesalzen, gehackt
- Eine Prise schwarzer Pfeffer
- ½ Teelöffel Chilipulver

Route:
1. Eine Pfanne mit Öl auf mittlerer Stufe erhitzen, Pilze, Knoblauch und Mais dazugeben, umrühren und 10 Minuten köcheln lassen.
2. Die anderen Zutaten hinzufügen, umrühren, weitere 10 Minuten bei mittlerer Hitze kochen, auf Teller verteilen und servieren.

Ernährung: Kalorien 285, Fett 13, Ballaststoffe 2,2, Kohlenhydrate 14,6, Protein 6,7.

Grünes Bohnenpesto

Zubereitungszeit: 10 Minuten
Kochzeit: 15 Minuten
Portionen: 4

Zutaten:
- 2 Esslöffel Basilikumpesto
- 2 Teelöffel süßer Paprika
- 1 Kilo grüne Bohnen, geschnitten und halbiert
- Saft von 1 Zitrone
- 2 Esslöffel Olivenöl
- 1 rote Zwiebel, in Scheiben geschnitten
- Eine Prise schwarzer Pfeffer

Route:
1. Eine Pfanne mit Öl bei mittlerer Hitze erhitzen, die Zwiebel dazugeben, umrühren und 5 Minuten braten.
2. Die Bohnen und die anderen Zutaten dazugeben, umrühren, bei mittlerer Hitze 10 Minuten kochen, auf Teller verteilen und servieren.

Ernährung: Kalorien 280, Fett 10, Ballaststoffe 7,6, Kohlenhydrate 13,9, Protein 4,7

Estragon-Tomaten

Zubereitungszeit: 5 Minuten
Kochzeit: 0 Minuten
Portionen: 4

Zutaten:

- 1 und ½ Esslöffel Olivenöl
- 1 Kilo Tomaten in Scheiben schneiden
- 1 Esslöffel Limettensaft
- 1 Esslöffel Limettenschale, gerieben
- 2 Esslöffel Estragon, gehackt
- Eine Prise schwarzer Pfeffer

Route:

1. Die Tomaten mit den anderen Zutaten in einer Schüssel vermischen, umrühren und als Beilage servieren.

Ernährung: Kalorien 170, Fett 4, Ballaststoffe 2,1, Kohlenhydrate 11,8, Protein 6

Mandelrüben

Zubereitungszeit: 10 Minuten
Kochzeit: 30 Minuten
Portionen: 4

Zutaten:
- 4 Rote Bete, geschält und in Scheiben geschnitten
- 3 Esslöffel Olivenöl
- 2 Esslöffel Mandeln, gehackt
- 2 Esslöffel Balsamico-Essig
- Eine Prise schwarzer Pfeffer
- 2 Esslöffel Petersilie, gehackt

Route:
1. In einer Pfanne die Karotten mit dem Öl und den anderen Zutaten vermischen, vermischen, in den Ofen schieben und 30 Minuten bei 400 Grad backen.
2. Die Mischung auf Teller verteilen und servieren.

Ernährung: Kalorien 230, Fett 11, Ballaststoffe 4,2, Kohlenhydrate 7,3, Protein 3,6

Rindfleisch-Zucchini-Auflauf

Zubereitungszeit: 5 Minuten
Kochzeit: 20 Minuten
Portionen: 4

Zutaten:

- 1 Kilo Rindfleisch, gehackt
- ½ Tasse gelbe Zwiebel, fein gehackt
- 1 Esslöffel Olivenöl
- 1 Tasse Zucchini, gewürfelt
- 2 Knoblauchzehen, gehackt
- 14 Unzen Dosentomaten, ungesalzen, gehackt
- 1 Teelöffel italienisches Gewürz
- ¼ Tasse fettarmer Parmesan, gerieben
- 1 Esslöffel Schnittlauch, gehackt
- 1 Esslöffel Koriander, gehackt

Route:

1. Eine Pfanne mit Öl bei mittlerer Hitze erhitzen, Knoblauch, Zwiebel und Rindfleisch hinzufügen und 5 Minuten braten.
2. Die anderen Zutaten hinzufügen, umrühren, weitere 15 Minuten kochen lassen, in Schüsseln verteilen und zum Mittagessen servieren.

Ernährung: Kalorien 276, Fett 11,3, Ballaststoffe 1,9, Kohlenhydrate 6,8, Protein 36

Thymian-Rindfleisch-Kartoffel-Mischung

Zubereitungszeit: 10 Minuten
Kochzeit: 25 Minuten
Portionen: 4

Zutaten:
- ½ Kilo Rindfleisch, gehackt
- 3 Esslöffel Olivenöl
- 1 ¾ Pfund rote Kartoffeln, geschält und grob gewürfelt
- 1 gelbe Zwiebel, fein gehackt
- 2 Teelöffel Thymian, getrocknet
- 1 Tasse Dosentomaten, ungesalzen und gehackt
- Eine Prise schwarzer Pfeffer

Route:
1. Eine Pfanne mit Öl bei mittlerer Hitze erhitzen, Zwiebel und Rindfleisch hinzufügen, umrühren und 5 Minuten braten.
2. Die Kartoffeln und die übrigen Zutaten dazugeben, umrühren, weitere 20 Minuten bei schwacher Hitze kochen, in Schüsseln verteilen und zum Mittagessen servieren.

Ernährung: Kalorien 216, Fett 14,5, Ballaststoffe 5,2, Kohlenhydrate 40,7, Protein 22,2

Schweinefleisch-Karotten-Suppe

Zubereitungszeit: 10 Minuten
Kochzeit: 25 Minuten
Portionen: 4

Zutaten:
- 1 Esslöffel Olivenöl
- 1 rote Zwiebel, gehackt
- 1 Kilo Schweinebraten, in Würfel geschnitten
- 1 Liter natriumarme Rinderbrühe
- 1 Kilo Karotten, in Scheiben geschnitten
- 1 Tasse Tomatenpüree
- 1 Esslöffel Koriander, gehackt

Route:
1. Eine Pfanne mit Öl bei mittlerer Hitze erhitzen, Zwiebel und Fleisch hinzufügen und 5 Minuten braten.
2. Die restlichen Zutaten bis auf den Koriander hinzufügen, zum Kochen bringen, die Hitze auf mittlere Stufe reduzieren und die Suppe 20 Minuten köcheln lassen.
3. In eine Schöpfkelle füllen, mit Koriander bestreuen und zum Mittagessen servieren.

Ernährung: Kalorien 354, Fett 14,6, Ballaststoffe 4,6, Kohlenhydrate 19,3, Protein 36

Garnelen-Erdbeer-Salat

Zubereitungszeit: 5 Minuten
Kochzeit: 7 Minuten
Portionen: 4

Zutaten:
- 1 Tasse Mais
- 1 Endivie, gehackt
- 1 Tasse Babyspinat
- 1 Pfund Garnelen, geschält und entdarmt
- 2 Knoblauchzehen, gehackt
- 1 Esslöffel Limettensaft
- 2 Tassen Erdbeeren, halbiert
- 2 Esslöffel Olivenöl
- 2 Esslöffel Balsamico-Essig
- 1 Esslöffel Koriander, gehackt

Route:
1. Eine Pfanne mit Öl bei mittlerer bis hoher Hitze erhitzen, den Knoblauch hinzufügen und 1 Minute braten. Garnelen und Limettensaft hinzufügen, umrühren und auf beiden Seiten 3 Minuten braten.
2. In einer Salatschüssel die Garnelen mit Mais, Endivien und anderen Zutaten vermischen, vermischen und zum Mittagessen servieren.

Ernährung: Kalorien 260, Fett 9,7, Ballaststoffe 2,9, Kohlenhydrate 16,5, Protein 28

Salat mit Garnelen und grünen Bohnen

Zubereitungszeit: 5 Minuten
Kochzeit: 10 Minuten
Portionen: 4

Zutaten:
- 1 Kilo grüne Bohnen, geschnitten und halbiert
- 2 Esslöffel Olivenöl
- 2 Kilo Garnelen, geschält und gekocht
- 1 Esslöffel Zitronensaft
- 2 Tassen Kirschtomaten, halbiert
- ¼ Tasse Himbeeressig
- Eine Prise schwarzer Pfeffer

Route:
1. Eine Pfanne mit Öl auf mittlerer bis hoher Hitze erhitzen, die Garnelen hinzufügen, umrühren und 2 Minuten kochen lassen.
2. Die grünen Bohnen und die anderen Zutaten dazugeben, umrühren, weitere 8 Minuten kochen lassen, in Schüsseln verteilen und zum Mittagessen servieren.

Ernährung: Kalorien 385, Fett 11,2, Ballaststoffe 5, Kohlenhydrate 15,3, Protein 54,5

Fischtacos

Zubereitungszeit: 10 Minuten
Kochzeit: 10 Minuten
Portionen: 2

Zutaten:
- 4 Vollkorn-Taco-Schalen
- 1 Esslöffel helle Mayonnaise
- 1 Esslöffel Salsa
- 1 Esslöffel fettarmer Mozzarella, gerieben
- 1 Esslöffel Olivenöl
- 1 rote Zwiebel, gehackt
- 1 Esslöffel Koriander, gehackt
- 2 Kabeljaufilets, ohne Knochen, ohne Haut und gewürfelt
- 1 Esslöffel Tomatenpüree

Route:
1. Eine Pfanne mit Öl bei mittlerer Hitze erhitzen, die Zwiebel dazugeben, vermischen und 2 Minuten kochen lassen.
2. Den Fisch und das Tomatenmark dazugeben, vorsichtig vermischen und weitere 5 Minuten kochen lassen.
3. Geben Sie dies in die Taco-Schale, verteilen Sie Mayonnaise, Salsa und Käse und servieren Sie es zum Mittagessen.

Ernährung: Kalorien 466, Fett 14,5, Ballaststoffe 8, Kohlenhydrate 56,6, Protein 32,9

Zucchinikuchen

Zubereitungszeit: 10 Minuten
Kochzeit: 10 Minuten
Portionen: 4

Zutaten:

- 1 gelbe Zwiebel, fein gehackt
- 2 Zucchini, gerieben
- 2 Esslöffel Mandelmehl
- 1 Ei, geschlagen
- 1 Knoblauchzehe, gehackt
- Eine Prise schwarzer Pfeffer
- 1/3 Tasse Karotten, geraspelt
- 1/3 Tasse fettarmer Cheddar, gerieben
- 1 Esslöffel Koriander, gehackt
- 1 Teelöffel Zitronenschale, gerieben
- 2 Esslöffel Olivenöl

Route:

1. In einer Schüssel die Zucchini mit dem Knoblauch, der Zwiebel und den restlichen Zutaten, bis auf das Öl, vermischen, gut vermischen und daraus mittelgroße Kuchen formen.
2. Eine Pfanne mit Öl bei mittlerer Hitze erhitzen, die Zucchini-Kuchen hineingeben, von beiden Seiten 5 Minuten braten, auf Teller verteilen und mit einem Beilagensalat servieren.

Ernährung: Kalorien 271, Fett 8,7, Ballaststoffe 4, Kohlenhydrate 14,3, Protein 4,6

Kichererbsen-Tomaten-Eintopf

Zubereitungszeit: 10 Minuten
Kochzeit: 20 Minuten
Portionen: 4

Zutaten:
- 1 Esslöffel Olivenöl
- 1 gelbe Zwiebel, fein gehackt
- 2 Teelöffel Chilipulver
- 14 Unzen Kichererbsen aus der Dose, ungesalzen, abgetropft und abgespült
- 14 Unzen Dosentomaten, ungesalzen, gewürfelt
- 1 Tasse natriumarme Hühnerbrühe
- 1 Esslöffel Koriander, gehackt
- Eine Prise schwarzer Pfeffer

Route:
1. Einen Topf mit Öl bei mittlerer Hitze erhitzen, Zwiebel und Chilipulver hinzufügen, vermischen und 5 Minuten kochen lassen.
2. Die Kichererbsen und die anderen Zutaten dazugeben, umrühren, bei mittlerer Hitze 15 Minuten kochen, in Schüsseln verteilen und zum Mittagessen servieren.

Ernährung: Kalorien 299, Fett 13,2, Ballaststoffe 4,7, Kohlenhydrate 17,2, Protein 8,1

Hühnchen-, Tomaten- und Spinatsalat

Zubereitungszeit: 10 Minuten
Kochzeit: 0 Minuten
Portionen: 4

Zutaten:
- 1 Esslöffel Olivenöl
- Eine Prise schwarzer Pfeffer
- 2 Brathähnchen, ohne Haut, ohne Knochen, zerkleinert
- 1 Kilo Kirschtomaten halbieren
- 1 rote Zwiebel, gehackt
- 4 Tassen Babyspinat
- ¼ Tasse Walnüsse, gehackt
- ½ Teelöffel Zitronenschale, gerieben
- 2 Esslöffel Zitronensaft

Route:
1. In einer Salatschüssel das Hähnchen mit den Tomaten und den anderen Zutaten vermischen, vermischen und zum Mittagessen servieren.

Ernährung: Kalorien 349, Fett 8,3, Ballaststoffe 5,6, Kohlenhydrate 16,9, Protein 22,8

Spargel- und Pfefferschalen

Zubereitungszeit: 10 Minuten
Kochzeit: 20 Minuten
Portionen: 4

Zutaten:
- 3 Knoblauchzehen, gehackt
- 2 Esslöffel Olivenöl
- 1 rote Zwiebel, gehackt
- 3 Karotten, in Scheiben geschnitten
- ½ Tasse natriumarme Hühnerbrühe
- 2 Tassen Babyspinat
- 1 Kilo Spargel, geschnitten und halbiert
- 1 rote Paprika in Streifen schneiden
- 1 gelbe Paprika, in Streifen geschnitten
- 1 grüne Paprika, in Streifen geschnitten
- Eine Prise schwarzer Pfeffer

Route:
1. Eine Pfanne mit Öl bei mittlerer Hitze erhitzen, Zwiebel und Knoblauch dazugeben, umrühren und 2 Minuten köcheln lassen.
2. Den Spargel und die anderen Zutaten außer dem Spinat dazugeben, umrühren und 15 Minuten kochen lassen.
3. Den Spinat hinzufügen, alles weitere 3 Minuten kochen lassen, auf Schüsseln verteilen und zum Mittagessen servieren.

Ernährung: Kalorien 221, Fett 11,2, Ballaststoffe 3,4, Kohlenhydrate 14,3, Protein 5,9

Heißer Rindfleischeintopf

Zubereitungszeit: 10 Minuten
Kochzeit: 1 Stunde 20 Minuten

Portionen: 4

Zutaten:
- 1 Kilo Rindereintopf, in Würfel geschnitten
- 1 Tasse ungesalzene Tomatensauce
- 1 Tasse natriumarme Rinderbrühe
- 1 Esslöffel Olivenöl
- 1 gelbe Zwiebel, fein gehackt
- ¼ Teelöffel scharfe Soße
- 1 Teelöffel Zwiebelpulver
- 1 Teelöffel Knoblauchpulver
- 1 Esslöffel Koriander, gehackt

Route:
1. Einen Topf mit Öl bei mittlerer Hitze erhitzen, Fleisch und Zwiebeln dazugeben, umrühren und 5 Minuten braten.
2. Die Tomatensauce und die anderen Zutaten hinzufügen, zum Kochen bringen und bei mittlerer Hitze 1 Stunde und 15 Minuten kochen lassen.
3. Auf Schüsseln verteilen und zum Mittagessen servieren.

Ernährung: Kalorien 487, Fett 15,3, Ballaststoffe 5,8, Kohlenhydrate 56,3, Protein 15

Schweinekotelett mit Pilzen

Zubereitungszeit: 5 Minuten
Kochzeit: 8 Stunden und 10 Minuten

Portionen: 4

Zutaten:
- 4 Schweinekoteletts
- 1 Esslöffel Olivenöl
- 2 Schalotten, fein gehackt
- 1 Kilo weiße Champignons, in Scheiben geschnitten
- ½ Tasse natriumarme Rinderbrühe
- 1 Esslöffel Rosmarin, gehackt
- ¼ Teelöffel Knoblauchpulver
- 1 Teelöffel süßer Paprika

Route:
1. Erhitzen Sie eine Pfanne mit Öl auf mittlerer bis hoher Hitze, geben Sie die Schweinefleischscheiben und Schalotten hinzu, schwenken Sie sie, braten Sie sie 10 Minuten lang und geben Sie sie in einen Slow Cooker.
2. Die anderen Zutaten hinzufügen, abdecken und 8 Stunden lang auf niedriger Stufe garen.
3. Schweinefilet und Pilze auf Teller verteilen und zum Mittagessen servieren.

Ernährung: Kalorien 349, Fett 24, Ballaststoffe 5,6, Kohlenhydrate 46,3, Protein 17,5

Minztomaten und Mais

Zubereitungszeit: 5 Minuten
Kochzeit: 0 Minuten
Portionen: 4

Zutaten:
- 2 Esslöffel Minze, gehackt
- 1 Kilo Tomaten in Scheiben schneiden
- 2 Tassen Mais
- 2 Esslöffel Olivenöl
- 1 Esslöffel Rosmarinessig
- Eine Prise schwarzer Pfeffer

Route:
1. In einer Salatschüssel die Tomaten mit dem Mais und den anderen Zutaten vermischen, vermischen und servieren.

Genießen!

Ernährung: Kalorien 230, Fett 7,2, Ballaststoffe 2, Kohlenhydrate 11,6, Protein 4

Zucchini-Avocado-Salsa

Zubereitungszeit: 5 Minuten
Kochzeit: 10 Minuten
Portionen: 4

Zutaten:
- 2 Esslöffel Olivenöl
- 2 Zucchini, gewürfelt
- 1 Avocado, geschält, entkernt und gewürfelt
- 2 Tomaten, gewürfelt
- 1 Gurke, gewürfelt
- 1 gelbe Zwiebel, fein gehackt
- 2 Esslöffel frischer Limettensaft
- 2 Esslöffel Koriander, gehackt

Route:
1. Eine Pfanne mit Öl bei mittlerer Hitze erhitzen, Zwiebel und Zucchini dazugeben, vermischen und 5 Minuten kochen lassen.
2. Die anderen Zutaten hinzufügen, umrühren, weitere 5 Minuten kochen lassen, auf Teller verteilen und servieren.

Ernährung: Kalorien 290, Fett 11,2, Ballaststoffe 6,1, Kohlenhydrate 14,7, Protein 5,6

Eine Mischung aus Äpfeln und Kohl

Zubereitungszeit: 5 Minuten
Kochzeit: 0 Minuten
Portionen: 4

Zutaten:
- 2 grüne Äpfel, entkernt und gewürfelt
- 1 Kopf Rotkohl, gehackt
- 2 Esslöffel Balsamico-Essig
- ½ Teelöffel Kreuzkümmelsamen
- 2 Esslöffel Olivenöl
- Schwarzer Pfeffer nach Geschmack

Route:
1. Den Kohl mit dem Apfel und den anderen Zutaten in einer Schüssel vermischen, umrühren und als Beilage servieren.

Ernährung: Kalorien 165, Fett 7,4, Ballaststoffe 7,3, Kohlenhydrate 26, Protein 2,6

Geröstete Rüben

Zubereitungszeit: 10 Minuten
Kochzeit: 30 Minuten
Portionen: 4

Zutaten:
- 4 Rote Bete, geschält und in Scheiben geschnitten
- 2 Esslöffel Olivenöl
- 2 Knoblauchzehen, gehackt
- Eine Prise schwarzer Pfeffer
- ¼ Tasse Petersilie, gehackt
- ¼ Tasse Walnüsse, gehackt

Route:
1. In einer Auflaufform die Karotten mit dem Öl und den anderen Zutaten vermischen, umrühren, in den auf 200 °C vorgeheizten Ofen stellen, 30 Minuten backen, auf die Teller verteilen und als Beilage servieren.

Ernährung: Kalorien 156, Fett 11,8, Ballaststoffe 2,7, Kohlenhydrate 11,5, Protein 3,8

Dillkohl

Zubereitungszeit: 10 Minuten
Kochzeit: 15 Minuten
Portionen: 4

Zutaten:
- 1 Kilo Grünkohl, gehackt
- 1 gelbe Zwiebel, fein gehackt
- 1 Tomate, gewürfelt
- 1 Esslöffel Dill, gehackt
- Eine Prise schwarzer Pfeffer
- 1 Esslöffel Olivenöl

Route:
1. Eine Pfanne mit Öl bei mittlerer Hitze erhitzen, die Zwiebel hinzufügen und 5 Minuten braten.
2. Den Kohl und die anderen Zutaten hinzufügen, umrühren, bei mittlerer Hitze 10 Minuten kochen, auf Teller verteilen und servieren.

Ernährung: Kalorien 74, Fett 3,7, Ballaststoffe 3,7, Kohlenhydrate 10,2, Protein 2,1

Kohl-Karotten-Salat

Zubereitungszeit: 5 Minuten
Kochzeit: 0 Minuten
Portionen: 4

Zutaten:
- 2 Schalotten, fein gehackt
- 2 Karotten, gerieben
- 1 großer Rotkohlkopf, gehackt
- 1 Esslöffel Olivenöl
- 1 Esslöffel roter Essig
- Eine Prise schwarzer Pfeffer
- 1 Esslöffel Limettensaft

Route:
1. In einer Schüssel den Kohl mit den Schalotten und den anderen Zutaten vermischen, umrühren und als Beilage servieren.

Ernährung: Kalorien 106, Fett 3,8, Ballaststoffe 6,5, Kohlenhydrate 18, Protein 3,3

Tomaten-Oliven-Salsa

Zubereitungszeit: 10 Minuten
Kochzeit: 0 Minuten
Portionen: 6

Zutaten:
- 1 Kilo Kirschtomaten halbieren
- 2 Esslöffel Olivenöl
- 1 Tasse Kalamata-Oliven entkernt und halbiert
- Eine Prise schwarzer Pfeffer
- 1 rote Zwiebel, gehackt
- 1 Esslöffel Balsamico-Essig
- ¼ Tasse Koriander, gehackt

Route:
1. In einer Schüssel die Tomaten mit den Oliven und den anderen Zutaten vermischen, umrühren und als Beilage servieren.

Ernährung: Kalorien 131, Fett 10,9, Ballaststoffe 3,1, Kohlenhydrate 9,2, Protein 1,6

Zucchinisalat

Zubereitungszeit: 4 Minuten
Kochzeit: 0 Minuten
Portionen: 4

Zutaten:
- 2 Zucchini, mit einem Spiralschneider geschnitten
- 1 rote Zwiebel, in Scheiben geschnitten
- 1 Esslöffel Basilikumpesto
- 1 Esslöffel Zitronensaft
- 1 Esslöffel Olivenöl
- ½ Tasse Koriander, gehackt
- Schwarzer Pfeffer nach Geschmack

Route:
1. In einer Salatschüssel die Zucchini mit der Zwiebel und den anderen Zutaten vermischen, umrühren und servieren.

Ernährung: Kalorien 58, Fett 3,8, Ballaststoffe 1,8, Kohlenhydrate 6, Protein 1,6

Curry-Karottensalat

Zubereitungszeit: 4 Minuten
Kochzeit: 0 Minuten
Portionen: 4

Zutaten:
- 1 Pfund Karotten, geschält und grob gerieben
- 2 Esslöffel Avocadoöl
- 2 Esslöffel Zitronensaft
- 3 Esslöffel Sesamkörner
- ½ Teelöffel Currypulver
- 1 Teelöffel Rosmarin, getrocknet
- ½ Teelöffel Kreuzkümmel, gemahlen

Route:
1. In einer Schüssel die Karotten mit Öl, Zitronensaft und den anderen Zutaten vermischen, umrühren und kalt als Beilage servieren.

Ernährung: Kalorien 99, Fett 4,4, Ballaststoffe 4,2, Kohlenhydrate 13,7, Protein 2,4

Salat und Rote-Bete-Salat

Zubereitungszeit: 5 Minuten
Kochzeit: 0 Minuten
Portionen: 4

Zutaten:
- 1 Esslöffel Ingwer, gerieben
- 2 Knoblauchzehen, gehackt
- 4 Tassen Römersalat, zerrissen
- 1 Rote Bete, geschält und gerieben
- 2 Frühlingszwiebeln, gehackt
- 1 Esslöffel Balsamico-Essig
- 1 Esslöffel Sesamkörner

Route:
1. Den Salat mit Ingwer, Knoblauch und den anderen Zutaten in einer Schüssel vermischen, umrühren und als Beilage servieren.

Ernährung: Kalorien 42, Fett 1,4, Ballaststoffe 1,5, Kohlenhydrate 6,7, Protein 1,4

Radieschen mit Kräutern

Zubereitungszeit: 5 Minuten
Kochzeit: 0 Minuten
Portionen: 4

Zutaten:
- 1 Kilo rote Radieschen, grob gewürfelt
- 1 Esslöffel Schnittlauch, gehackt
- 1 Esslöffel Petersilie, gehackt
- 1 Esslöffel Oregano, gehackt
- 2 Esslöffel Olivenöl
- 1 Esslöffel Limettensaft
- Schwarzer Pfeffer nach Geschmack

Route:
1. In einer Salatschüssel den Rettich mit dem Schnittlauch und den anderen Zutaten vermischen, umrühren und servieren.

Ernährung: Kalorien 85, Fett 7,3, Ballaststoffe 2,4, Kohlenhydrate 5,6, Protein 1

Geröstete Fenchelmischung

Zubereitungszeit: 5 Minuten
Kochzeit: 20 Minuten
Portionen: 4

Zutaten:
- 2 Fenchelknollen, in Scheiben geschnitten
- 1 Teelöffel süßer Paprika
- 1 kleine rote Zwiebel, in Scheiben geschnitten
- 2 Esslöffel Olivenöl
- 2 Esslöffel Limettensaft
- 2 Esslöffel Dill, gehackt
- Schwarzer Pfeffer nach Geschmack

Route:
1. In einer Pfanne den Fenchel mit dem Paprika und den restlichen Zutaten vermischen, umrühren und 20 Minuten bei 180 °C backen.
2. Die Mischung auf Teller verteilen und servieren.

Ernährung: Kalorien 114, Fett 7,4, Ballaststoffe 4,5, Kohlenhydrate 13,2, Protein 2,1

Geröstete Paprika

Zubereitungszeit: 10 Minuten
Kochzeit: 30 Minuten
Portionen: 4

Zutaten:
- 1 Kilo gemischte Paprika, in Scheiben geschnitten
- 1 rote Zwiebel, in dünne Scheiben geschnitten
- 2 Esslöffel Olivenöl
- Schwarzer Pfeffer nach Geschmack
- 1 Esslöffel Oregano, gehackt
- 2 Esslöffel Minzblätter, gehackt

Route:
1. In einer Pfanne Paprika mit Zwiebeln und anderen Zutaten vermischen, umrühren und 30 Minuten bei 180 °C rösten.
2. Die Mischung auf Teller verteilen und servieren.

Ernährung: Kalorien 240, Fett 8,2, Ballaststoffe 4,2, Kohlenhydrate 11,3, Protein 5,6

Geröstete Datteln und Kohl

Zubereitungszeit: 5 Minuten
Kochzeit: 15 Minuten
Portionen: 4

Zutaten:
- 1 Kilo Rotkohl, gehackt
- 8 Datteln, entkernt und in Scheiben geschnitten
- 2 Esslöffel Olivenöl
- ¼ Tasse natriumarme Gemüsebrühe
- 2 Esslöffel Schnittlauch, gehackt
- 2 Esslöffel Zitronensaft
- Schwarzer Pfeffer nach Geschmack

Route:
1. Eine Pfanne mit Öl bei mittlerer Hitze erhitzen, Kohl und Datteln dazugeben, umrühren und 4 Minuten kochen lassen.
2. Brühe und andere Zutaten hinzufügen, umrühren, weitere 11 Minuten bei mittlerer Hitze kochen, auf Teller verteilen und servieren.

Ernährung: Kalorien 280, Fett 8,1, Ballaststoffe 4,1, Kohlenhydrate 8,7, Protein 6,3

Schwarze Bohnenmischung

Zubereitungszeit: 4 Minuten
Kochzeit: 0 Minuten
Portionen: 4

Zutaten:
- 3 Tassen schwarze Bohnen aus der Dose, ohne Salz, abgetropft und abgespült
- 1 Tasse Kirschtomaten, halbiert
- 2 Schalotten, fein gehackt
- 3 Esslöffel Olivenöl
- 1 Esslöffel Balsamico-Essig
- Schwarzer Pfeffer nach Geschmack
- 1 Esslöffel Schnittlauch, gehackt

Route:
1. Die Bohnen mit den Tomaten und den anderen Zutaten in einer Schüssel vermischen, umrühren und kalt als Beilage servieren.

Ernährung: Kalorien 310, Fett 11,0, Ballaststoffe 5,3, Kohlenhydrate 19,6, Protein 6,8

Oliven- und Endivienmischung

Zubereitungszeit: 4 Minuten
Kochzeit: 0 Minuten
Portionen: 4

Zutaten:
- 2 Frühlingszwiebeln, fein gehackt
- 2 Endivien, gehackt
- 1 Tasse schwarze Oliven, entkernt und in Scheiben geschnitten
- ½ Tasse Kalamata-Oliven, entkernt und in Scheiben geschnitten
- ¼ Tasse Apfelessig
- 2 Esslöffel Olivenöl
- 1 Esslöffel Koriander, gehackt

Route:
1. In einer Schüssel die Endivie mit den Oliven und den anderen Zutaten vermischen, umrühren und servieren.

Ernährung: Kalorien 230, Fett 9,1, Ballaststoffe 6,3, Kohlenhydrate 14,6, Protein 7,2

Tomaten-Gurken-Salat

Zubereitungszeit: 5 Minuten
Kochzeit: 0 Minuten
Portionen: 4

Zutaten:
- ½ Kilo Tomaten, gewürfelt
- 2 Gurken, in Scheiben geschnitten
- 1 Esslöffel Olivenöl
- 2 Frühlingszwiebeln, fein gehackt
- Schwarzer Pfeffer nach Geschmack
- Saft von 1 Limette
- ½ Tasse Basilikum, gehackt

Route:
1. Die Tomaten mit der Gurke und den anderen Zutaten in einer Salatschüssel vermischen, umrühren und kalt servieren.

Ernährung: Kalorien 224, Fett 11,2, Ballaststoffe 5,1, Kohlenhydrate 8,9, Protein 6,2

Reis-Blumenkohl-Mischung

Zubereitungszeit: 10 Minuten
Kochzeit: 25 Minuten
Portionen: 4

Zutaten:
- 1 Tasse Blumenkohlröschen
- 1 Tasse weißer Reis
- 2 Tassen natriumarme Hühnerbrühe
- 1 Esslöffel Avocadoöl
- 2 Schalotten, fein gehackt
- ¼ Tasse Blaubeeren
- ½ Tasse Mandeln, in Scheiben geschnitten

Route:
1. Eine Pfanne mit Öl bei mittlerer Hitze erhitzen, die Schalotten dazugeben, vermischen und 5 Minuten braten.
2. Blumenkohl, Reis und die anderen Zutaten hinzufügen, umrühren und bei schwacher Hitze 20 Minuten kochen lassen.
3. Die Mischung auf Teller verteilen und servieren.

Ernährung: Kalorien 290, Fett 15,1, Ballaststoffe 5,6, Kohlenhydrate 7, Protein 4,5

Balsamico-Bohnenmischung

Zubereitungszeit: 10 Minuten
Kochzeit: 0 Minuten
Portionen: 4

Zutaten:
- 2 Tassen schwarze Bohnen aus der Dose, ohne Salz, abgetropft und abgespült
- 2 Tassen weiße Bohnen aus der Dose, ungesalzen, abgetropft und abgespült
- 2 Esslöffel Balsamico-Essig
- 2 Esslöffel Olivenöl
- 1 Teelöffel Oregano, getrocknet
- 1 Teelöffel Basilikum, getrocknet
- 1 Esslöffel Schnittlauch, gehackt

Route:
1. In einer Salatschüssel die Bohnen mit dem Essig und den anderen Zutaten vermischen, vermengen und als Beilage servieren.

Ernährung: Kalorien 322, Fett 15,1, Ballaststoffe 10, Kohlenhydrate 22,0, Protein 7

Cremige Rüben

Zubereitungszeit: 5 Minuten
Kochzeit: 20 Minuten
Portionen: 4

Zutaten:
- 1 Kilo Rote Bete, geschält und gewürfelt
- 1 rote Zwiebel, gehackt
- 1 Esslöffel Olivenöl
- ½ Tasse Kokoscreme
- 4 Esslöffel fettfreier Joghurt
- 1 Esslöffel Schnittlauch, gehackt

Route:
1. Eine Pfanne mit Öl bei mittlerer Hitze erhitzen, die Zwiebel dazugeben, umrühren und 4 Minuten köcheln lassen.
2. Karotten, Sahne und andere Zutaten dazugeben, umrühren, weitere 15 Minuten bei mittlerer Hitze kochen, auf Teller verteilen und servieren.

Ernährung: Kalorien 250, Fett 13,4, Ballaststoffe 3, Kohlenhydrate 13,3, Protein 6,4

Avocado-Paprika-Mischung

Zubereitungszeit: 10 Minuten
Kochzeit: 14 Minuten
Portionen: 4

Zutaten:
- 1 Esslöffel Avocadoöl
- 1 Teelöffel süßer Paprika
- 1 Kilo gemischte Paprika, in Streifen geschnitten
- 1 Avocado, geschält, entkernt und halbiert
- 1 Teelöffel Knoblauchpulver
- 1 Teelöffel Rosmarin, getrocknet
- ½ Tasse natriumarme Gemüsebrühe
- Schwarzer Pfeffer nach Geschmack

Route:
1. Eine Pfanne mit Öl bei mittlerer Hitze erhitzen, alle Paprika hinzufügen, umrühren und 5 Minuten braten.
2. Die restlichen Zutaten dazugeben, umrühren, weitere 9 Minuten bei mittlerer Hitze kochen, auf Teller verteilen und servieren.

Ernährung: Kalorien 245, Fett 13,8, Ballaststoffe 5, Kohlenhydrate 22,5, Protein 5,4

Gebackene Süßkartoffeln und Rüben

Zubereitungszeit: 10 Minuten
Kochzeit: 1 Stunde
Portionen: 4

Zutaten:
- 3 Esslöffel Olivenöl
- 2 Süßkartoffeln, geschält und in Spalten geschnitten
- 2 Rote Bete, geschält und in Scheiben geschnitten
- 1 Esslöffel Oregano, gehackt
- 1 Esslöffel Limettensaft
- Schwarzer Pfeffer nach Geschmack

Route:
1. Die Süßkartoffeln und Karotten auf ein mit Backpapier ausgelegtes Backblech legen, die anderen Zutaten hinzufügen, umrühren, in den Ofen schieben und 1 Stunde bei 375 Grad backen.
2. Auf Teller verteilen und als Beilage servieren.

Ernährung: Kalorien 240, Fett 11,2, Ballaststoffe 4, Kohlenhydrate 8,6, Protein 12,1

Grünkohl anbraten

Zubereitungszeit: 10 Minuten
Kochzeit: 15 Minuten
Portionen: 4

Zutaten:
- 2 Esslöffel Olivenöl
- 3 Esslöffel Kokosnuss-Aminosäuren
- 1 Kilo Grünkohl, zerrissen
- 1 rote Zwiebel, gehackt
- 2 Knoblauchzehen, gehackt
- 1 Esslöffel Limettensaft
- 1 Esslöffel Koriander, gehackt

Route:
1. Eine Pfanne mit Olivenöl bei mittlerer Hitze erhitzen, Zwiebel und Knoblauch hinzufügen und 5 Minuten braten.
2. Den Grünkohl und die anderen Zutaten dazugeben, umrühren, bei mittlerer Hitze 10 Minuten kochen, auf Teller verteilen und servieren.

Ernährung: Kalorien 200, Fett 7,1, Ballaststoffe 2, Kohlenhydrate 6,4, Protein 6

Gewürzte Karotten

Zubereitungszeit: 10 Minuten
Kochzeit: 20 Minuten
Portionen: 4

Zutaten:
- 1 Esslöffel Zitronensaft
- 1 Esslöffel Olivenöl
- ½ Teelöffel Piment, gemahlen
- ½ Teelöffel Kreuzkümmel, gemahlen
- ½ Teelöffel Muskatnuss, gemahlen
- 1 Kilo Babykarotten, gehackt
- 1 Esslöffel Rosmarin, gehackt
- Schwarzer Pfeffer nach Geschmack

Route:
1. In einer Pfanne die Karotten mit Zitronensaft, Öl und anderen Zutaten vermischen, vermengen, in den Ofen schieben und bei 400 Grad 20 Minuten backen.
2. Auf Teller verteilen und servieren.

Ernährung: Kalorien 260, Fett 11,2, Ballaststoffe 4,5, Kohlenhydrate 8,3, Protein 4,3

Zitronenartischocke

Zubereitungszeit: 10 Minuten
Kochzeit: 20 Minuten
Portionen: 4

Zutaten:

- 2 Esslöffel Zitronensaft
- 4 Artischocken, geputzt und halbiert
- 1 Esslöffel Dill, gehackt
- 2 Esslöffel Olivenöl
- Eine Prise schwarzer Pfeffer

Route:

1. In einer Pfanne die Artischocken mit dem Zitronensaft und den anderen Zutaten vermischen, vorsichtig umrühren und 20 Minuten bei 200 °C rösten. Auf Teller verteilen und servieren.

Ernährung: Kalorien 140, Fett 7,3, Ballaststoffe 8,9, Kohlenhydrate 17,7, Protein 5,5

Brokkoli, Bohnen und Reis

Zubereitungszeit: 10 Minuten
Kochzeit: 30 Minuten
Portionen: 4

Zutaten:

- 1 Tasse Brokkoliröschen, gehackt
- 1 Tasse schwarze Bohnen aus der Dose, ungesalzen, abgetropft
- 1 Tasse weißer Reis
- 2 Tassen natriumarme Hühnerbrühe
- 2 Teelöffel süßer Paprika
- Schwarzer Pfeffer nach Geschmack

Route:

1. Die Brühe in einen Topf geben, bei mittlerer Hitze erhitzen, den Reis und die anderen Zutaten hinzufügen, umrühren, zum Kochen bringen und unter gelegentlichem Rühren 30 Minuten kochen lassen.
2. Die Mischung auf Teller verteilen und als Beilage servieren.

Ernährung: Kalorien 347, Fett 1,2, Ballaststoffe 9, Kohlenhydrate 69,3, Protein 15,1

Geröstete Kürbismischung

Zubereitungszeit: 10 Minuten
Kochzeit: 45 Minuten
Portionen: 4

Zutaten:

- 2 Esslöffel Olivenöl
- 2 Kilo Butternusskürbis, geschält und in Scheiben geschnitten
- 1 Esslöffel Zitronensaft
- 1 Teelöffel Chilipulver
- 1 Teelöffel Knoblauchpulver
- 2 Teelöffel Koriander, gehackt
- Eine Prise schwarzer Pfeffer

Routen

1. Den Kürbis mit dem Öl und den anderen Zutaten in einer Pfanne vermischen, vorsichtig umrühren, im Ofen bei 200 °C 45 Minuten backen, auf Teller verteilen und als Beilage servieren.

Ernährung: Kalorien 167, Fett 7,4, Ballaststoffe 4,9, Kohlenhydrate 27,5, Protein 2,5

Cremiger Spargel

Zubereitungszeit: 5 Minuten
Kochzeit: 20 Minuten
Portionen: 4

Zutaten:
- ½ Teelöffel Muskatnuss, gemahlen
- 1 Kilo Spargel, geschnitten und halbiert
- 1 Tasse Kokoscreme
- 1 gelbe Zwiebel, fein gehackt
- 2 Esslöffel Olivenöl
- 1 Esslöffel Limettensaft
- 1 Esslöffel Koriander, gehackt

Route:
1. Eine Pfanne mit Öl bei mittlerer Hitze erhitzen, Zwiebel und Muskatnuss hinzufügen, umrühren und 5 Minuten braten.
2. Den Spargel und die anderen Zutaten hinzufügen, umrühren und bei schwacher Hitze 15 Minuten kochen lassen.
3. Auf Teller verteilen und servieren.

Ernährung: Kalorien 236, Fett 21,6, Ballaststoffe 4,4, Kohlenhydrate 11,4, Protein 4,2

Basilikum-Rübenmischung

Zubereitungszeit: 10 Minuten
Kochzeit: 15 Minuten
Portionen: 4

Zutaten:
- 1 Esslöffel Avocadoöl
- 4 Kohlrabi, in Scheiben geschnitten
- ¼ Tasse Basilikum, gehackt
- Schwarzer Pfeffer nach Geschmack
- ¼ Tasse natriumarme Gemüsebrühe
- ½ Tasse Walnüsse, gehackt
- 2 Knoblauchzehen, gehackt

Route:
1. Eine Pfanne mit Öl bei mittlerer Hitze erhitzen, Knoblauch und Rüben hinzufügen und 5 Minuten braten.
2. Die anderen Zutaten hinzufügen, umrühren, weitere 10 Minuten kochen lassen, auf Teller verteilen und servieren.

Ernährung: Kalorien 140, Fett 9,7, Ballaststoffe 3,3, Kohlenhydrate 10,5, Protein 5

Eine Mischung aus Reis und Kapern

Zubereitungszeit: 10 Minuten
Kochzeit: 20 Minuten
Portionen: 4

Zutaten:
- 1 Tasse weißer Reis
- 1 Esslöffel Kapern, gehackt
- 2 Tassen natriumarme Hühnerbrühe
- 1 rote Zwiebel, gehackt
- 1 Esslöffel Avocadoöl
- 1 Esslöffel Koriander, gehackt
- 1 Teelöffel süßer Paprika

Route:
1. Eine Pfanne mit Öl bei mittlerer Hitze erhitzen, die Zwiebel dazugeben, umrühren und 5 Minuten braten.
2. Reis, Kapern und andere Zutaten hinzufügen, umrühren, aufkochen und 15 Minuten kochen lassen.
3. Die Mischung auf Teller verteilen und als Beilage servieren.

Ernährung: Kalorien 189, Fett 0,9, Ballaststoffe 1,6, Kohlenhydrate 40,2, Protein 4,3

Spinat-Grünkohl-Mischung

Zubereitungszeit: 5 Minuten
Kochzeit: 15 Minuten
Portionen: 4

Zutaten:
- 2 Tassen Babyspinat
- 5 Tassen Grünkohl, zerrissen
- 2 Schalotten, fein gehackt
- 2 Knoblauchzehen, gehackt
- 1 Tasse Dosentomaten, ungesalzen, gehackt
- 1 Esslöffel Olivenöl

Route:
1. Eine Pfanne mit Öl bei mittlerer Hitze erhitzen, die Schalotten dazugeben, umrühren und 5 Minuten braten.
2. Spinat, Grünkohl und andere Zutaten hinzufügen, umrühren, weitere 10 Minuten kochen lassen, auf Teller verteilen und als Beilage servieren.

Ernährung: Kalorien 89, Fett 3,7, Ballaststoffe 2,2, Kohlenhydrate 12,4, Protein 3,6

Nelkenhuhn

Zubereitungszeit: 10 Minuten
Kochzeit: 30 Minuten
Portionen: 4

Zutaten:
- 1 Kilo Hähnchenbrust ohne Haut, ohne Knochen und in Würfel geschnitten
- 1 Tasse natriumarme Hühnerbrühe
- 1 Esslöffel Avocadoöl
- 2 Teelöffel Nelken, gemahlen
- 1 gelbe Zwiebel, fein gehackt
- 2 Teelöffel süßer Paprika
- 3 Tomaten, gewürfelt
- Eine Prise Salz und schwarzer Pfeffer
- ½ Tasse Petersilie, gehackt

Route:
1. Eine Pfanne mit Öl bei mittlerer Hitze erhitzen, die Zwiebel hinzufügen und 5 Minuten braten.
2. Das Hähnchen dazugeben und weitere 5 Minuten braten.
3. Brühe und andere Zutaten hinzufügen, zum Kochen bringen und bei mittlerer Hitze weitere 20 Minuten kochen lassen.
4. Die Mischung auf Teller verteilen und servieren.

Ernährung: Kalorien 324, Fett 12,3, Ballaststoffe 5, Kohlenhydrate 33,10, Protein 22,4

Hähnchen mit Ingwer-Artischocken

Zubereitungszeit: 10 Minuten
Kochzeit: 30 Minuten
Portionen: 4

Zutaten:
- 2 Hähnchenbrüste ohne Haut und Knochen, halbiert
- 1 Esslöffel Ingwer, gerieben
- 1 Tasse Dosentomaten, ungesalzen, gehackt
- 10 Unzen Artischocken aus der Dose, ungesalzen, abgetropft und geviertelt
- 2 Esslöffel Zitronensaft
- 2 Esslöffel Olivenöl
- Eine Prise schwarzer Pfeffer

Route:
1. Eine Pfanne mit Öl bei mittlerer Hitze erhitzen, Ingwer und Artischocken hinzufügen, vermischen und 5 Minuten kochen lassen.
2. Das Hähnchen hinzufügen und weitere 5 Minuten kochen lassen.
3. Die restlichen Zutaten hinzufügen, aufkochen und weitere 20 Minuten kochen lassen.
4. Alles auf Teller verteilen und servieren.

Ernährung: Kalorien 300, Fett 14,5, Ballaststoffe 5,3, Kohlenhydrate 16,4, Protein 15,1

Puten-Paprika-Mischung

Zubereitungszeit: 10 Minuten
Kochzeit: 30 Minuten
Portionen: 4

Zutaten:
- ½ Esslöffel schwarze Pfefferkörner
- 1 Esslöffel Olivenöl
- 1 Kilo Putenbrust, ohne Haut, ohne Knochen und gewürfelt
- 1 Tasse natriumarme Hühnerbrühe
- 3 Knoblauchzehen, gehackt
- 2 Tomaten, gewürfelt
- Eine Prise schwarzer Pfeffer
- 2 Esslöffel Frühlingszwiebeln, gehackt

Route:
1. Eine Pfanne mit Öl bei mittlerer Hitze erhitzen, Knoblauch und Truthahn dazugeben und 5 Minuten braten.
2. Die Pfefferkörner und die anderen Zutaten hinzufügen, aufkochen und bei mittlerer Hitze 25 Minuten kochen lassen.
3. Die Mischung auf Teller verteilen und servieren.

Ernährung: Kalorien 313, Fett 13,3, Ballaststoffe 7, Kohlenhydrate 23,4, Protein 16

Hähnchenschenkel und Rosmaringemüse

Zubereitungszeit: 10 Minuten
Kochzeit: 40 Minuten
Portionen: 4

Zutaten:
- 2 Kilo Hähnchenbrust ohne Haut, ohne Knochen und in Würfel geschnitten
- 1 Karotte, gewürfelt
- 1 Stange Sellerie, gehackt
- 1 Tomate, gewürfelt
- 2 kleine rote Zwiebeln, in Scheiben geschnitten
- 1 Zucchini, gewürfelt
- 2 Knoblauchzehen, gehackt
- 1 Esslöffel Rosmarin, gehackt
- 2 Esslöffel Olivenöl
- Schwarzer Pfeffer nach Geschmack
- ½ Tasse natriumarme Gemüsebrühe

Route:
1. Eine Pfanne mit Öl bei mittlerer Hitze erhitzen, Zwiebel und Knoblauch dazugeben, vermischen und 5 Minuten braten.
2. Das Hähnchen hinzufügen, umrühren und weitere 5 Minuten kochen lassen.
3. Die Karotte und die anderen Zutaten hinzufügen, umrühren und bei mittlerer Hitze 30 Minuten kochen lassen.
4. Die Mischung auf Teller verteilen und servieren.

Ernährung: Kalorien 325, Fett 22,5, Ballaststoffe 6,1, Kohlenhydrate 15,5, Protein 33,2

Huhn mit Karotten und Kohl

Zubereitungszeit: 10 Minuten
Kochzeit: 25 Minuten
Portionen: 4

Zutaten:
- 1 Kilo Hähnchenbrust ohne Haut, ohne Knochen und in Würfel geschnitten
- 2 Esslöffel Olivenöl
- 2 Karotten, geschält und gerieben
- 1 Teelöffel süßer Paprika
- ½ Tasse natriumarme Gemüsebrühe
- 1 Kopf Rotkohl, gehackt
- 1 gelbe Zwiebel, fein gehackt
- Schwarzer Pfeffer nach Geschmack

Route:
1. Eine Pfanne mit Öl bei mittlerer Hitze erhitzen, die Zwiebel dazugeben, umrühren und 5 Minuten braten.
2. Das Fleisch hinzufügen und weitere 5 Minuten braten.
3. Die Karotte und die anderen Zutaten dazugeben, umrühren und bei mittlerer Hitze 15 Minuten kochen lassen.
4. Alles auf Teller verteilen und servieren.

Ernährung: Kalorien 370, Fett 22,2, Ballaststoffe 5,2, Kohlenhydrate 44,2, Protein 24,2

Auberginen-Truthahn-Sandwich

Zubereitungszeit: 10 Minuten
Kochzeit: 25 Minuten
Portionen: 4

Zutaten:

- 1 Putenbrust ohne Haut, ohne Knochen und in 4 Stücke geschnitten
- 1 Aubergine, in 4 Scheiben geschnitten
- Schwarzer Pfeffer nach Geschmack
- 1 Esslöffel Olivenöl
- 1 Esslöffel Oregano, gehackt
- ½ Tasse natriumarme Tomatensauce
- ½ Tasse fettarmer Cheddar-Käse, gerieben
- 4 Scheiben Vollkornbrot

Route:
1. Einen Grill bei mittlerer bis hoher Hitze erhitzen, die Putenscheiben hineinlegen, die Hälfte des Öls darüber träufeln, mit schwarzem Pfeffer bestreuen, 8 Minuten auf beiden Seiten braten und dann auf einen Teller legen.
2. Die Auberginenscheiben auf dem vorgeheizten Grill anrichten, mit dem restlichen Öl beträufeln, mit schwarzem Pfeffer würzen, 4 Minuten pro Seite braten und zusammen mit den Putenscheiben auf den Teller geben.
3. 2 Scheiben Brot auf einer Arbeitsfläche anrichten, jeweils den Käse darauf verteilen, die Auberginenscheiben und die Putenscheiben darauf verteilen, mit Oregano bestreuen, mit der Soße bestreuen und die anderen 2 Scheiben Brot darauf verteilen.
4. Die Sandwiches auf die Teller verteilen und servieren.

Ernährung: Kalorien 280, Fett 12,2, Ballaststoffe 6, Kohlenhydrate 14, Protein 12

Einfache Truthahn-Zucchini-Tortillas

Zubereitungszeit: 10 Minuten
Kochzeit: 20 Minuten
Portionen: 4

Zutaten:
- 4 Vollkorn-Tortillas
- ½ Tasse fettfreier Joghurt
- 1 Kilo Truthahn, Brust, ohne Haut, ohne Knochen und in Streifen geschnitten
- 1 Esslöffel Olivenöl
- 1 rote Zwiebel, in Scheiben geschnitten
- 1 Zucchini, gewürfelt
- 2 Tomaten, gewürfelt
- Schwarzer Pfeffer nach Geschmack

Route:
1. Eine Pfanne mit Öl bei mittlerer Hitze erhitzen, die Zwiebel dazugeben, umrühren und 5 Minuten braten.
2. Zucchini und Tomaten hinzufügen, umrühren und weitere 2 Minuten kochen lassen.
3. Den Truthahn hinzufügen, umrühren und weitere 13 Minuten kochen lassen.
4. Jede Tortilla mit Joghurt bestreichen, die Puten-Zucchini-Mischung dazugeben, wenden, auf die Teller verteilen und servieren.

Ernährung: Kalorien 290, Fett 13,4, Ballaststoffe 3,42, Kohlenhydrate 12,5, Protein 6,9

Hähnchen mit Paprika und Auberginenpfanne

Zubereitungszeit: 10 Minuten
Kochzeit: 25 Minuten
Portionen: 4

Zutaten:
- 2 Hähnchenbrüste ohne Haut, ohne Knochen und in Würfel geschnitten
- 1 rote Zwiebel, gehackt
- 2 Esslöffel Olivenöl
- 1 Aubergine, gewürfelt
- 1 rote Paprika, gewürfelt
- 1 gelbe Paprika, gewürfelt
- Schwarzer Pfeffer nach Geschmack
- 2 Tassen Kokosmilch

Route:
4. Eine Pfanne mit Öl bei mittlerer Hitze erhitzen, die Zwiebel hinzufügen, umrühren und 3 Minuten kochen lassen.
5. Die Paprika hinzufügen, umrühren und weitere 2 Minuten kochen lassen.
6. Das Hähnchen und die anderen Zutaten dazugeben, umrühren und weitere 20 Minuten bei schwacher Hitze kochen.
7. Alles auf Teller verteilen und servieren.

Ernährung: Kalorien 310, Fett 14,7, Ballaststoffe 4, Kohlenhydrate 14,5, Protein 12,6

Balsamico-gebratener Truthahn

Zubereitungszeit: 10 Minuten
Kochzeit: 40 Minuten
Portionen: 4

Zutaten:
- 1 große Putenbrust ohne Haut, ohne Knochen und in Scheiben geschnitten
- 2 Esslöffel Balsamico-Essig
- 1 Esslöffel Olivenöl
- 2 Knoblauchzehen, gehackt
- 1 Esslöffel italienisches Gewürz
- Schwarzer Pfeffer nach Geschmack
- 1 Esslöffel Koriander, gehackt

Route:
1. In einer Auflaufform den Truthahn mit Essig, Öl und anderen Zutaten vermischen, vermischen, in den 200 °C heißen Ofen stellen und 40 Minuten backen.
2. Alles auf Teller verteilen und mit einem Beilagensalat servieren.

Ernährung: Kalorien 280, Fett 12,7, Ballaststoffe 3, Kohlenhydrate 22,1, Protein 14

Cheddar-Putenmischung

Zubereitungszeit: 10 Minuten
Kochzeit: 1 Stunde
Portionen: 4

Zutaten:
- 1 Kilo Putenbrust, ohne Haut, ohne Knochen und in Scheiben geschnitten
- 2 Esslöffel Olivenöl
- 1 Tasse Dosentomaten, ungesalzen, gehackt
- Schwarzer Pfeffer nach Geschmack
- 1 Tasse fettfreier Cheddar-Käse, gerieben
- 2 Esslöffel Petersilie, gehackt

Route:
1. Ein Backblech mit Öl einfetten, die Putenscheiben in die Pfanne legen, die Tomaten darauf verteilen, mit schwarzem Pfeffer würzen, Käse und Petersilie darüber streuen, in den Ofen bei 400 Grad geben und 1 Stunde backen.
2. Alles auf Teller verteilen und servieren.

Ernährung: Kalorien 350, Fett 13,1, Ballaststoffe 4, Kohlenhydrate 32,4, Protein 14,65

Putenparmesan

Zubereitungszeit: 10 Minuten
Kochzeit: 23 Minuten
Portionen: 4

Zutaten:
- 1 Kilo Putenbrust, ohne Haut, ohne Knochen und gewürfelt
- 1 Esslöffel Olivenöl
- ½ Tasse fettarmer Parmesan, gerieben
- 2 Schalotten, fein gehackt
- 1 Tasse Kokosmilch
- Schwarzer Pfeffer nach Geschmack

Route:
1. Eine Pfanne mit Öl bei mittlerer Hitze erhitzen, die Schalotten dazugeben, vermischen und 5 Minuten kochen lassen.
2. Fleisch, Kokosmilch und schwarzen Pfeffer hinzufügen, umrühren und weitere 15 Minuten bei mittlerer Hitze kochen.
3. Den Parmesan hinzufügen, 2-3 Minuten kochen lassen, alles auf Teller verteilen und servieren.

Ernährung: Kalorien 320, Fett 11,4, Ballaststoffe 3,5, Kohlenhydrate 14,3, Protein 11,3

Cremige Hähnchen-Garnelen-Mischung

Zubereitungszeit: 10 Minuten
Kochzeit: 14 Minuten
Portionen: 4

Zutaten:

- 1 Esslöffel Olivenöl
- 1 Kilo Hähnchenbrust ohne Haut, ohne Knochen und in Würfel geschnitten
- ¼ Tasse natriumarme Hühnerbrühe
- 1 Pfund Garnelen, geschält und entdarmt
- ½ Tasse Kokoscreme
- 1 Esslöffel Koriander, gehackt

Route:

1. Eine Pfanne mit Öl bei mittlerer Hitze erhitzen, das Hähnchen dazugeben, schwenken und 8 Minuten kochen lassen.
2. Die Garnelen und die anderen Zutaten dazugeben, umrühren, weitere 6 Minuten kochen lassen, in Schüsseln verteilen und servieren.

Ernährung: Kalorien 370, Fett 12,3, Ballaststoffe 5,2, Kohlenhydrate 12,6, Protein 8

Mischung aus Truthahn-Basilikum und scharfem Spargel

Zubereitungszeit: 10 Minuten
Kochzeit: 40 Minuten
Portionen: 4

Zutaten:
- 1 Kilo Putenbrust, ohne Haut, in Streifen geschnitten
- 1 Tasse Kokoscreme
- 1 Tasse natriumarme Hühnerbrühe
- 2 Esslöffel Petersilie, gehackt
- 1 Bund Spargel, geputzt und halbiert
- 1 Teelöffel Chilipulver
- 2 Esslöffel Olivenöl
- Eine Prise Meersalz und schwarzer Pfeffer

Route:
1. Eine Pfanne mit Öl auf mittlerer bis hoher Hitze erhitzen, Putenfleisch und etwas schwarzen Pfeffer hinzufügen, umrühren und 5 Minuten kochen lassen.
2. Den Spargel, das Chilipulver und die anderen Zutaten dazugeben, umrühren und bei schwacher Hitze weitere 30 Minuten kochen lassen.
3. Alles auf Teller verteilen und servieren.

Ernährung: Kalorien 290, Fett 12,10, Ballaststoffe 4,6, Kohlenhydrate 12,7, Protein 24

Cashew-Truthahn gemischt

Zubereitungszeit: 10 Minuten
Kochzeit: 40 Minuten
Portionen: 4

Zutaten:

- 1 Kilo Putenbrust, ohne Haut, ohne Knochen und gewürfelt
- 1 Tasse Cashewnüsse, gehackt
- 1 gelbe Zwiebel, fein gehackt
- ½ Esslöffel Olivenöl
- Schwarzer Pfeffer nach Geschmack
- ½ Teelöffel süßer Paprika
- 2 und ½ Esslöffel Cashewbutter
- ¼ Tasse natriumarme Hühnerbrühe
- 1 Esslöffel Koriander, gehackt

Route:

1. Eine Pfanne mit Öl bei mittlerer Hitze erhitzen, die Zwiebel dazugeben, umrühren und 5 Minuten braten.
2. Das Fleisch hinzufügen und weitere 5 Minuten braten.
3. Die restlichen Zutaten hinzufügen, umrühren, aufkochen und bei mittlerer Hitze 30 Minuten kochen lassen.
4. Die gesamte Mischung auf Teller verteilen und servieren.

Ernährung: Kalorien 352, Fett 12,7, Ballaststoffe 6,2, Kohlenhydrate 33,2, Protein 13,5

Truthahn und Beeren

Zubereitungszeit: 10 Minuten
Kochzeit: 35 Minuten
Portionen: 4

Zutaten:
- 2 Kilo Putenbrust, ohne Haut, ohne Knochen und gewürfelt
- 1 Esslöffel Olivenöl
- 1 rote Zwiebel, gehackt
- 1 Tasse Blaubeeren
- 1 Tasse natriumarme Hühnerbrühe
- ¼ Tasse Koriander, gehackt
- Schwarzer Pfeffer nach Geschmack

Route:
1. Eine Pfanne mit Öl bei mittlerer Hitze erhitzen, die Zwiebel dazugeben, umrühren und 5 Minuten braten.
2. Fleisch, Beeren und weitere Zutaten dazugeben, aufkochen und bei mittlerer Hitze weitere 30 Minuten garen.
3. Die Mischung auf Teller verteilen und servieren.

Ernährung: Kalorien 293, Fett 7,3, Ballaststoffe 2,8, Kohlenhydrate 14,7, Protein 39,3

Hähnchenbrust mit fünf Gewürzen

Zubereitungszeit: 5 Minuten
Kochzeit: 35 Minuten
Portionen: 4

Zutaten:
- 1 Tasse Tomaten, zerdrückt
- 1 Teelöffel fünf Gewürze
- 2 Hähnchenbrusthälften, ohne Haut, ohne Knochen und halbiert
- 1 Esslöffel Avocadoöl
- 2 Esslöffel Kokosnuss-Aminosäuren
- Schwarzer Pfeffer nach Geschmack
- 1 Esslöffel scharfes Paprikapulver
- 1 Esslöffel Koriander, gehackt

Route:
1. Eine Bratpfanne mit Öl bei mittlerer Hitze erhitzen, das Fleisch hineingeben und von beiden Seiten 2 Minuten anbraten.
2. Die Tomaten, die fünf Gewürze und die restlichen Zutaten hinzufügen, aufkochen und bei mittlerer Hitze 30 Minuten kochen lassen.
3. Die gesamte Mischung auf Teller verteilen und servieren.

Ernährung: Kalorien 244, Fett 8,4, Ballaststoffe 1,1, Kohlenhydrate 4,5, Protein 31

Truthahn mit würzigem Grün

Zubereitungszeit: 10 Minuten
Kochzeit: 17 Minuten
Portionen: 4

Zutaten:
- 1 Kilo Putenbrust, ohne Knochen, ohne Haut und gewürfelt
- 1 Tasse Senfgrün
- 1 Teelöffel Muskatnuss, gemahlen
- 1 Teelöffel Piment, gemahlen
- 1 gelbe Zwiebel, fein gehackt
- Schwarzer Pfeffer nach Geschmack
- 1 Esslöffel Olivenöl

Route:
1. Eine Pfanne mit Öl bei mittlerer Hitze erhitzen, Zwiebel und Fleisch hinzufügen und 5 Minuten braten.
2. Die anderen Zutaten hinzufügen, umrühren, weitere 12 Minuten bei mittlerer Hitze kochen, auf Teller verteilen und servieren.

Ernährung: Kalorien 270, Fett 8,4, Ballaststoffe 8,32, Kohlenhydrate 33,3, Protein 9

Hähnchen und Chili-Pilze

Zubereitungszeit: 10 Minuten
Kochzeit: 20 Minuten
Portionen: 4

Zutaten:
- 2 Hähnchenbrüste ohne Haut und Knochen, halbiert
- ½ Kilo weiße Champignons, halbiert
- 1 Esslöffel Olivenöl
- 1 Tasse Dosentomaten, ungesalzen, gehackt
- 2 Esslöffel Mandeln, gehackt
- 2 Esslöffel Olivenöl
- ½ Teelöffel Chiliflocken
- Schwarzer Pfeffer nach Geschmack

Route:
1. Eine Pfanne mit Öl auf mittlerer Stufe erhitzen, die Pilze dazugeben, hineingeben und 5 Minuten braten.
2. Das Fleisch hinzufügen, umrühren und weitere 5 Minuten kochen lassen.
3. Tomaten und andere Zutaten dazugeben, aufkochen und bei mittlerer Hitze 10 Minuten kochen lassen.
4. Die Mischung auf Teller verteilen und servieren.

Ernährung: Kalorien 320, Fett 12,2, Ballaststoffe 5,3, Kohlenhydrate 33,3, Protein 15

Chili-Hähnchen und Tomaten-Artischocke

Zubereitungszeit: 10 Minuten
Kochzeit: 20 Minuten
Portionen: 4

Zutaten:
- 2 rote Chilis, gehackt
- 1 Esslöffel Olivenöl
- 1 gelbe Zwiebel, fein gehackt
- 1 Kilo Hähnchenbrust ohne Haut, ohne Knochen und in Würfel geschnitten
- 1 Tasse Tomaten, zerdrückt
- 10 oz Dose Artischockenherzen, abgetropft und geviertelt
- Schwarzer Pfeffer nach Geschmack
- ½ Tasse natriumarme Hühnerbrühe
- 2 Esslöffel Limettensaft

Route:
1. Eine Pfanne mit Öl bei mittlerer Hitze erhitzen, Zwiebel und Chili hinzufügen, vermischen und 5 Minuten braten.
2. Das Fleisch hinzufügen, umrühren und weitere 5 Minuten braten.
3. Die restlichen Zutaten hinzufügen, bei mittlerer Hitze zum Kochen bringen und 10 Minuten kochen lassen.
4. Die Mischung auf Teller verteilen und servieren.

Ernährung: Kalorien 280, Fett 11,3, Ballaststoffe 5, Kohlenhydrate 14,5, Protein 13,5

Eine Mischung aus Hühnchen und Rüben

Zubereitungszeit: 10 Minuten
Kochzeit: 0 Minuten
Portionen: 4

Zutaten:
- 1 Karotte, gehackt
- 2 Rote Bete, geschält und gehackt
- ½ Tasse Avocado-Mayonnaise
- 1 Tasse geräucherte Hähnchenbrust, ohne Haut, ohne Knochen, gekocht und zerkleinert
- 1 Teelöffel Schnittlauch, gehackt

Route:
1. Das Hähnchen mit den Rüben und den anderen Zutaten in einer Schüssel vermischen, umrühren und sofort servieren.

Ernährung: Kalorien 288, Fett 24,6, Ballaststoffe 1,4, Kohlenhydrate 6,5, Protein 14

Truthahn mit Selleriesalat

Zubereitungszeit: 4 Minuten
Kochzeit: 0 Minuten
Portionen: 4

Zutaten:
- 2 Tassen Putenbrust, ohne Haut, ohne Knochen, gekocht und zerkleinert
- 1 Tasse Selleriestangen, gehackt
- 2 Frühlingszwiebeln, fein gehackt
- 1 Tasse schwarze Oliven entkernt und halbiert
- 1 Esslöffel Olivenöl
- 1 Teelöffel Limettensaft
- 1 Tasse fettfreier Joghurt

Route:
1. Den Truthahn mit dem Sellerie und den anderen Zutaten in einer Schüssel vermischen, umrühren und kalt servieren.

Ernährung: Kalorien 157, Fett 8, Ballaststoffe 2, Kohlenhydrate 10,8, Protein 11,5

Eine Mischung aus Hähnchenschenkeln und Weintrauben

Zubereitungszeit: 10 Minuten
Kochzeit: 40 Minuten
Portionen: 4

Zutaten:
- 1 Karotte, gewürfelt
- 1 gelbe Zwiebel, in Scheiben geschnitten
- 1 Esslöffel Olivenöl
- 1 Tasse Tomaten, gewürfelt
- ¼ Tasse natriumarme Hühnerbrühe
- 2 Knoblauchzehen, fein gehackt
- 1 Kilo Hähnchenschenkel, ohne Haut und ohne Knochen
- 1 Tasse grüne Weintrauben
- Schwarzer Pfeffer nach Geschmack

Route:
1. Fetten Sie ein Backblech mit Öl ein, legen Sie die Hähnchenschenkel hinein und geben Sie die anderen Zutaten darauf.
2. 40 Minuten bei 190 °C backen, auf Teller verteilen und servieren.

Ernährung: Kalorien 289, Fett 12,1, Ballaststoffe 1,7, Kohlenhydrate 10,3, Protein 33,9

Truthahn und Zitronengerste

Zubereitungszeit: 5 Minuten
Kochzeit: 55 Minuten
Portionen: 4

Zutaten:
- 1 Esslöffel Olivenöl
- 1 Putenbrust ohne Haut, ohne Knochen und in Scheiben geschnitten
- Schwarzer Pfeffer nach Geschmack
- 2 Stangen Sellerie, gehackt
- 1 rote Zwiebel, gehackt
- 2 Tassen natriumarme Hühnerbrühe
- ½ Tasse Gerste
- 1 Teelöffel Zitronenschale, gerieben
- 1 Esslöffel Zitronensaft
- 1 Esslöffel Schnittlauch, gehackt

Route:
1. Erhitzen Sie einen Topf mit Öl auf mittlerer Hitze, geben Sie Fleisch und Zwiebeln hinzu, schwenken Sie alles und braten Sie es 5 Minuten lang.
2. Den Sellerie und die anderen Zutaten dazugeben, umrühren, zum Kochen bringen, die Hitze auf mittlere Stufe reduzieren, 50 Minuten köcheln lassen, in Schüsseln verteilen und servieren.

Ernährung: Kalorien 150, Fett 4,5, Ballaststoffe 4,9, Kohlenhydrate 20,8, Protein 7,5

Truthahn mit Rüben und Radieschen

Zubereitungszeit: 10 Minuten
Kochzeit: 35 Minuten
Portionen: 4

Zutaten:

- 1 Putenbrust ohne Haut, ohne Knochen und gewürfelt
- 2 Rote Bete, geschält und gewürfelt
- 1 Tasse Radieschen, gewürfelt
- 1 rote Zwiebel, gehackt
- ¼ Tasse natriumarme Hühnerbrühe
- Schwarzer Pfeffer nach Geschmack
- 1 Esslöffel Olivenöl
- 2 Esslöffel Schnittlauch, gehackt

Route:

1. Eine Pfanne mit Öl bei mittlerer Hitze erhitzen, Fleisch und Zwiebeln dazugeben, schwenken und 5 Minuten braten.
2. Karotte, Radieschen und die anderen Zutaten hinzufügen und weitere 30 Minuten bei schwacher Hitze kochen.
3. Die Mischung auf Teller verteilen und servieren.

Ernährung: Kalorien 113, Fett 4,4, Ballaststoffe 2,3, Kohlenhydrate 10,4, Protein 8,8

Knoblauch-Schweinefleischmischung

Zubereitungszeit: 10 Minuten
Kochzeit: 45 Minuten
Portionen: 8

Zutaten:
- 2 Kilo Schweinefleisch, ohne Knochen und gewürfelt
- 1 rote Zwiebel, gehackt
- 1 Esslöffel Olivenöl
- 3 Knoblauchzehen, gehackt
- 1 Tasse natriumarme Rinderbrühe
- 2 Esslöffel süßer Paprika
- Schwarzer Pfeffer nach Geschmack
- 1 Esslöffel Schnittlauch, gehackt

Route:
1. Eine Pfanne mit Öl bei mittlerer Hitze erhitzen, Zwiebel und Fleisch dazugeben, schwenken und 5 Minuten braten.
2. Die anderen Zutaten hinzufügen, umrühren, die Hitze auf mittlere Stufe reduzieren, abdecken und 40 Minuten kochen lassen.
3. Die Mischung auf Teller verteilen und servieren.

Ernährung: Kalorien 407, Fett 35,4, Ballaststoffe 1, Kohlenhydrate 5, Protein 14,9

Paprika-Schweinefleisch mit Karotten

Zubereitungszeit: 10 Minuten
Kochzeit: 30 Minuten
Portionen: 4

Zutaten:
- 1 Kilo Schweinebraten, in Würfel geschnitten
- ¼ Tasse natriumarme Gemüsebrühe
- 2 Karotten, geschält und in Scheiben geschnitten
- 2 Esslöffel Olivenöl
- 1 rote Zwiebel, in Scheiben geschnitten
- 2 Teelöffel süßer Paprika
- Schwarzer Pfeffer nach Geschmack

Route:
1. Eine Pfanne mit Öl bei mittlerer Hitze erhitzen, die Zwiebel dazugeben, umrühren und 5 Minuten braten.
2. Das Fleisch hinzufügen, umrühren und weitere 5 Minuten braten.
3. Die restlichen Zutaten hinzufügen, zum Kochen bringen und bei mittlerer Hitze 20 Minuten kochen lassen.
4. Die Mischung auf Teller verteilen und servieren.

Ernährung: Kalorien 328, Fett 18,1, Ballaststoffe 1,8, Kohlenhydrate 6,4, Protein 34

Ingwer-Schweinefleisch und Zwiebeln

Zubereitungszeit: 10 Minuten
Kochzeit: 35 Minuten
Portionen: 4

Zutaten:
- 2 rote Zwiebeln, in Scheiben geschnitten
- 2 Frühlingszwiebeln, gehackt
- 1 Esslöffel Olivenöl
- 2 Teelöffel Ingwer, gerieben
- 4 Schweinekoteletts
- 3 Knoblauchzehen fein gehackt
- Schwarzer Pfeffer nach Geschmack
- 1 Karotte, fein gehackt
- 1 Tasse natriumarme Rinderbrühe
- 2 Esslöffel Tomatenmark
- 1 Esslöffel Koriander, gehackt

Route:

1. Das Öl in einer Pfanne bei mittlerer Hitze erhitzen, die grünen und roten Zwiebeln dazugeben, vermengen und 3 Minuten köcheln lassen.
2. Knoblauch und Ingwer dazugeben, vermischen und weitere 2 Minuten kochen lassen.
3. Die Schweinefleischscheiben dazugeben und auf beiden Seiten 2 Minuten anbraten.
4. Die restlichen Zutaten hinzufügen, aufkochen und bei mittlerer Hitze weitere 25 Minuten kochen lassen.
5. Die Mischung auf Teller verteilen und servieren.

Ernährung: Kalorien 332, Fett 23,6, Ballaststoffe 2,3, Kohlenhydrate 10,1, Protein 19,9

Kreuzkümmel vom Schwein

Zubereitungszeit: 10 Minuten
Kochzeit: 45 Minuten
Portionen: 4

Zutaten:
- ½ Tasse natriumarme Rinderbrühe
- 2 Esslöffel Olivenöl
- 2 Kilo Schweinebraten, in Würfel geschnitten
- 1 Teelöffel Koriander, gemahlen
- 2 Teelöffel Kreuzkümmel, gemahlen
- Schwarzer Pfeffer nach Geschmack
- 1 Tasse Kirschtomaten, halbiert
- 4 Knoblauchzehen, gehackt
- 1 Esslöffel Koriander, gehackt

Route:
1. Eine Pfanne mit Öl bei mittlerer Hitze erhitzen, Knoblauch und Fleisch dazugeben, schwenken und 5 Minuten braten.
2. Brühe und andere Zutaten hinzufügen, zum Kochen bringen und bei mittlerer Hitze 40 Minuten kochen lassen.
3. Alles auf Teller verteilen und servieren.

Ernährung: Kalorien 559, Fett 29,3, Ballaststoffe 0,7, Kohlenhydrate 3,2, Protein 67,4

Eine Mischung aus Schweinefleisch und Gemüse

Zubereitungszeit: 10 Minuten
Kochzeit: 20 Minuten
Portionen: 4

Zutaten:
- 2 Esslöffel Balsamico-Essig
- 1/3 Tasse Kokos-Aminosäuren
- 1 Esslöffel Olivenöl
- 4 Unzen gemischter Salat
- 1 Tasse Kirschtomaten, halbiert
- 4 Unzen Schweinebraten, in Streifen geschnitten
- 1 Esslöffel Schnittlauch, gehackt

Route:
1. Eine Pfanne mit Öl bei mittlerer Hitze erhitzen, Schweinefleisch, Amine und Essig hinzufügen, umrühren und 15 Minuten kochen lassen.
2. Das Salatgrün und die anderen Zutaten hinzufügen, umrühren, weitere 5 Minuten kochen lassen, auf Teller verteilen und servieren.

Ernährung: Kalorien 125, Fett 6,4, Ballaststoffe 0,6, Kohlenhydrate 6,8, Protein 9,1

Thymian-Schweinefleisch in einer Pfanne

Zubereitungszeit: 10 Minuten
Kochzeit: 25 Minuten
Portionen: 4

Zutaten:
- 1 Kilo Schweinshaxe, geschnitten und gewürfelt
- 1 Esslöffel Olivenöl
- 1 gelbe Zwiebel, fein gehackt
- 3 Knoblauchzehen, gehackt
- 1 Esslöffel Thymian, getrocknet
- 1 Tasse natriumarme Hühnerbrühe
- 2 Esslöffel natriumarmes Tomatenmark
- 1 Esslöffel Koriander, gehackt

Route:
1. Eine Pfanne mit Öl bei mittlerer Hitze erhitzen, Zwiebel und Knoblauch dazugeben, vermengen und 5 Minuten kochen lassen.
2. Das Fleisch hinzufügen, umrühren und weitere 5 Minuten kochen lassen.
3. Die restlichen Zutaten hinzufügen, aufkochen, zum Kochen bringen, die Hitze auf mittlere Stufe reduzieren und weitere 15 Minuten kochen lassen.
4. Die Mischung auf Teller verteilen und sofort servieren.

Ernährung: Kalorien 281, Fett 11,2, Ballaststoffe 1,4, Kohlenhydrate 6,8, Protein 37,1

Majoran-Schweinefleisch und Zucchini

Zubereitungszeit: 10 Minuten
Kochzeit: 30 Minuten
Portionen: 4

Zutaten:
- 2 Kilo Schweinelende ohne Knochen, geschnitten und gewürfelt
- 2 Esslöffel Avocadoöl
- ¾ Tasse natriumarme Gemüsebrühe
- ½ Esslöffel Knoblauchpulver
- 1 Esslöffel fein gehackter Majoran
- 2 Zucchini, grob gewürfelt
- 1 Teelöffel süßer Paprika
- Schwarzer Pfeffer nach Geschmack

Route:
1. Eine Pfanne mit Öl bei mittlerer Hitze erhitzen, Fleisch, Knoblauchpulver und Majoran hinzufügen, umrühren und 10 Minuten kochen lassen.
2. Die Zucchini und die anderen Zutaten dazugeben, umrühren, zum Kochen bringen, die Hitze auf mittlere Stufe reduzieren und weitere 20 Minuten kochen lassen.
3. Alles auf Teller verteilen und servieren.

Ernährung: Kalorien 359, Fett 9,1, Ballaststoffe 2,1, Kohlenhydrate 5,7, Protein 61,4

Würziges Schweinefleisch

Zubereitungszeit: 10 Minuten
Kochzeit: 8 Stunden
Portionen: 4

Zutaten:
- 3 Esslöffel Olivenöl
- 2 Kilo gebratene Schweineschulter
- 2 Teelöffel süßer Paprika
- 1 Teelöffel Knoblauchpulver
- 1 Teelöffel Zwiebelpulver
- 1 Teelöffel Muskatnuss, gemahlen
- 1 Teelöffel Piment, gemahlen
- Schwarzer Pfeffer nach Geschmack
- 1 Tasse natriumarme Gemüsebrühe

Route:
1. Mischen Sie es in Ihrem Slow Cooker mit dem Frittieröl und den anderen Zutaten, schwenken Sie es, setzen Sie den Deckel darauf und kochen Sie es 8 Stunden lang auf niedriger Stufe.
2. Den Braten in Scheiben schneiden, auf Teller verteilen und mit dem Bratensaft darüberträufeln.

Ernährung: Kalorien 689, Fett 57,1, Ballaststoffe 1, Kohlenhydrate 3,2, Protein 38,8

Kokosnussschweinefleisch und Sellerie

Zubereitungszeit: 10 Minuten
Kochzeit: 35 Minuten
Portionen: 4

Zutaten:
- 2 Kilo Schweinebraten, in Würfel geschnitten
- 2 Esslöffel Olivenöl
- 1 Tasse natriumarme Gemüsebrühe
- 1 Stange Sellerie, gehackt
- 1 Teelöffel schwarzer Pfeffer
- 2 Schalotten, fein gehackt
- 1 Esslöffel Schnittlauch, gehackt
- 1 Tasse Kokoscreme
- Schwarzer Pfeffer nach Geschmack

Route:
1. Eine Pfanne mit Öl bei mittlerer Hitze erhitzen, die Schalotten und das Fleisch dazugeben, vermischen und 5 Minuten braten.
2. Den Sellerie und die anderen Zutaten hinzufügen, umrühren und weitere 30 Minuten bei schwacher Hitze kochen.
3. Alles auf Teller verteilen und sofort servieren.

Ernährung: Kalorien 690, Fett 43,3, Ballaststoffe 1,8, Kohlenhydrate 5,7, Protein 6,2

Schweinefleisch-Tomaten-Mischung

Zubereitungszeit: 10 Minuten
Kochzeit: 30 Minuten
Portionen: 4

Zutaten:
- 2 Knoblauchzehen, gehackt
- 2 Kilo Schweinefleischeintopf, gehackt
- 2 Tassen Kirschtomaten, halbiert
- 1 Esslöffel Olivenöl
- Schwarzer Pfeffer nach Geschmack
- 1 rote Zwiebel, gehackt
- ½ Tasse natriumarme Gemüsebrühe
- 2 Esslöffel natriumarmes Tomatenmark
- 1 Esslöffel Petersilie, gehackt

Route:
1. Eine Pfanne mit Öl bei mittlerer Hitze erhitzen, Zwiebel und Knoblauch dazugeben, schwenken und 5 Minuten braten.
2. Das Fleisch hinzufügen und weitere 5 Minuten braten.
3. Die anderen Zutaten hinzufügen, umrühren, weitere 20 Minuten bei schwacher Hitze kochen, in Schüsseln verteilen und servieren.

Ernährung: Kalorien 558, Fett 25,6, Ballaststoffe 2,4, Kohlenhydrate 10,1, Protein 68,7

Schweinekotelett mit Salbei

Zubereitungszeit: 10 Minuten
Kochzeit: 35 Minuten
Portionen: 4

Zutaten:
- 4 Schweinekoteletts
- 2 Esslöffel Olivenöl
- 1 Teelöffel geräuchertes Paprikapulver
- 1 Esslöffel Salbei, gehackt
- 2 Knoblauchzehen, gehackt
- 1 Esslöffel Zitronensaft
- Schwarzer Pfeffer nach Geschmack

Route:
1. In einer Auflaufform die Schweinekoteletts mit dem Öl und den anderen Zutaten vermischen, vermischen, in den Ofen stellen und 35 Minuten bei 200 °C backen.
2. Die Schweinefleischscheiben auf Teller verteilen und mit einem Beilagensalat servieren.

Ernährung: Kalorien 263, Fett 12,4, Ballaststoffe 6, Kohlenhydrate 22,2, Protein 16

Thailändisches Schweinefleisch und Auberginen

Zubereitungszeit: 10 Minuten
Kochzeit: 30 Minuten
Portionen: 4

Zutaten:
- 1 Kilo Schweinebraten, in Würfel geschnitten
- 1 Aubergine, gewürfelt
- 1 Esslöffel Kokosnuss-Aminosäuren
- 1 Teelöffel fünf Gewürze
- 2 Knoblauchzehen, gehackt
- 2 Thai-Chilis, fein gehackt
- 2 Esslöffel Olivenöl
- 2 Esslöffel natriumarmes Tomatenmark
- 1 Esslöffel Koriander, gehackt
- ½ Tasse natriumarme Gemüsebrühe

Route:
1. Eine Pfanne mit Öl bei mittlerer Hitze erhitzen, Knoblauch, Chili und Fleisch hinzufügen und 6 Minuten braten.
2. Die Aubergine und die anderen Zutaten dazugeben, zum Kochen bringen und bei mittlerer Hitze 24 Minuten kochen lassen.
3. Die Mischung auf Teller verteilen und servieren.

Ernährung: Kalorien 320, Fett 13,4, Ballaststoffe 5,2, Kohlenhydrate 22,8, Protein 14

Schweinefleisch und Limette

Zubereitungszeit: 10 Minuten
Kochzeit: 30 Minuten
Portionen: 4

Zutaten:
- 2 Esslöffel Limettensaft
- 4 Schalotten, fein gehackt
- 1 Kilo Schweinebraten, in Würfel geschnitten
- 2 Knoblauchzehen, gehackt
- 2 Esslöffel Olivenöl
- Schwarzer Pfeffer nach Geschmack
- ½ Tasse natriumarme Gemüsebrühe
- 1 Esslöffel Koriander, gehackt

Route:
1. Eine Pfanne mit Öl bei mittlerer Hitze erhitzen, Frühlingszwiebeln und Knoblauch dazugeben, vermengen und 5 Minuten kochen lassen.
2. Das Fleisch hinzufügen, umrühren und weitere 5 Minuten kochen lassen.
3. Die restlichen Zutaten hinzufügen, zum Kochen bringen und bei mittlerer Hitze 20 Minuten kochen lassen.
4. Die Mischung auf Teller verteilen und servieren.

Ernährung: Kalorien 273, Fett 22,4, Ballaststoffe 5, Kohlenhydrate 12,5, Protein 18

Balsamico-Schweinefleisch

Zubereitungszeit: 10 Minuten
Kochzeit: 30 Minuten
Portionen: 4

Zutaten:
- 1 rote Zwiebel, in Scheiben geschnitten
- 1 Kilo Schweinebraten, in Würfel geschnitten
- 2 rote Chilis, gehackt
- 2 Esslöffel Balsamico-Essig
- ½ Tasse Korianderblätter, gehackt
- Schwarzer Pfeffer nach Geschmack
- 2 Esslöffel Olivenöl
- 1 Esslöffel natriumarme Tomatensauce

Route:
1. Eine Pfanne mit Öl bei mittlerer Hitze erhitzen, Zwiebel und Chili dazugeben, vermischen und 5 Minuten kochen lassen.
2. Das Fleisch hinzufügen, umrühren und weitere 5 Minuten kochen lassen.
3. Die restlichen Zutaten hinzufügen, umrühren und bei schwacher Hitze weitere 20 Minuten kochen lassen.
4. Alles auf Teller verteilen und sofort servieren.

Ernährung: Kalorien 331, Fett 13,3, Ballaststoffe 5, Kohlenhydrate 22,7, Protein 17

Pesto-Schweinefleisch

Zubereitungszeit: 10 Minuten
Kochzeit: 36 Minuten
Portionen: 4

Zutaten:

- 2 Esslöffel Olivenöl
- 2 Frühlingszwiebeln, fein gehackt
- 1 Pfund Schweinekoteletts
- 2 Esslöffel Basilikumpesto
- 1 Tasse Kirschtomaten, gewürfelt
- 2 Esslöffel natriumarmes Tomatenmark
- ½ Tasse Petersilie, gehackt
- ½ Tasse natriumarme Gemüsebrühe
- Schwarzer Pfeffer nach Geschmack

Route:

1. Eine Pfanne mit Olivenöl bei mittlerer Hitze erhitzen, Frühlingszwiebeln und Schweinefleischscheiben hinzufügen und 3 Minuten auf beiden Seiten braten.
2. Das Pesto und die anderen Zutaten dazugeben, vorsichtig umrühren und bei schwacher Hitze weitere 30 Minuten kochen lassen.
3. Alles auf Teller verteilen und servieren.

Ernährung: Kalorien 293, Fett 11,3, Ballaststoffe 4,2, Kohlenhydrate 22,2, Protein 14

Schweinefleisch und Petersilienpaprika

Zubereitungszeit: 10 Minuten
Kochzeit: 1 Stunde
Portionen: 4

Zutaten:
- 1 grüne Paprika, gehackt
- 1 rote Paprika, gehackt
- 1 gelbe Paprika, gehackt
- 1 rote Zwiebel, gehackt
- 1 Pfund Schweinekoteletts
- 1 Esslöffel Olivenöl
- Schwarzer Pfeffer nach Geschmack
- 26 Unzen Dosentomaten, ungesalzen und gehackt
- 2 Esslöffel Petersilie, gehackt

Route:
1. Fetten Sie eine Pfanne mit Öl ein, legen Sie die Schweinefleischscheiben hinein und fügen Sie dann die anderen Zutaten hinzu.
2. 1 Stunde bei 190 °C backen, alles auf Teller verteilen und servieren.

Ernährung: Kalorien 284, Fett 11,6, Ballaststoffe 2,6, Kohlenhydrate 22,2, Protein 14

Lammmischung mit Kreuzkümmel

Zubereitungszeit: 10 Minuten
Kochzeit: 25 Minuten
Portionen: 4

Zutaten:
- 1 Esslöffel Olivenöl
- 1 rote Zwiebel, gehackt
- 1 Tasse Kirschtomaten, halbiert
- 1 Kilo Lammeintopf, gehackt
- 1 Esslöffel Chilipulver
- Schwarzer Pfeffer nach Geschmack
- 2 Teelöffel Kreuzkümmel, gemahlen
- 1 Tasse natriumarme Gemüsebrühe
- 2 Esslöffel Koriander, gehackt

Route:
1. Die Pfanne mit dem Öl auf mittlerer Stufe erhitzen, die Zwiebel, das Lammfleisch und das Chilipulver hinzufügen, vermengen und 10 Minuten kochen lassen.
2. Die anderen Zutaten hinzufügen, umrühren und bei mittlerer Hitze weitere 15 Minuten kochen lassen.
3. Auf Schüsseln verteilen und servieren.

Ernährung: Kalorien 320, Fett 12,7, Ballaststoffe 6, Kohlenhydrate 14,3, Protein 22

Schweinefleisch mit Radieschen und grünen Bohnen

Zubereitungszeit: 10 Minuten
Kochzeit: 35 Minuten
Portionen: 4

Zutaten:
- 1 Kilo Schweinebraten, in Würfel geschnitten
- 1 Tasse Radieschen, gewürfelt
- ½ Pfund grüne Bohnen, geputzt und halbiert
- 1 gelbe Zwiebel, fein gehackt
- 1 Esslöffel Olivenöl
- 2 Knoblauchzehen, gehackt
- 1 Tasse Dosentomaten, salzfrei und gehackt
- 2 Teelöffel Oregano, getrocknet
- Schwarzer Pfeffer nach Geschmack

Route:
1. Eine Pfanne mit Öl bei mittlerer Hitze erhitzen, Zwiebel und Knoblauch dazugeben, vermengen und 5 Minuten kochen lassen.
2. Das Fleisch hinzufügen, umrühren und weitere 5 Minuten kochen lassen.
3. Die restlichen Zutaten hinzufügen, zum Kochen bringen und bei mittlerer Hitze 25 Minuten kochen lassen.
4. Alles auf Schüsseln verteilen und servieren.

Ernährung: Kalorien 289, Fett 12, Ballaststoffe 8, Kohlenhydrate 13,2, Protein 20

Fenchellamm und Pilze

Zubereitungszeit: 10 Minuten
Kochzeit: 40 Minuten
Portionen: 4

Zutaten:

- 1 Kilo Lammschulter, ohne Knochen und gewürfelt
- 8 weiße Champignons halbiert
- 2 Esslöffel Olivenöl
- 1 gelbe Zwiebel, fein gehackt
- 2 Knoblauchzehen, gehackt
- 1 und ½ Esslöffel Fenchelpulver
- Schwarzer Pfeffer nach Geschmack
- Ein Bund Schalotten, fein gehackt
- 1 Tasse natriumarme Gemüsebrühe

Route:

1. Eine Pfanne mit Öl bei mittlerer Hitze erhitzen, Zwiebel und Knoblauch dazugeben, vermengen und 5 Minuten kochen lassen.
2. Fleisch und Pilze hinzufügen, umrühren und weitere 5 Minuten kochen lassen.
3. Die restlichen Zutaten hinzufügen, aufkochen, zum Kochen bringen und bei mittlerer Hitze 30 Minuten kochen lassen.
4. Die Mischung auf Schüsseln verteilen und servieren.

Ernährung: Kalorien 290, Fett 15,3, Ballaststoffe 7, Kohlenhydrate 14,9, Protein 14

Schweinefleisch-Spinat-Auflauf

Zubereitungszeit: 10 Minuten
Kochzeit: 30 Minuten
Portionen: 4

Zutaten:
- 1 Kilo Schweinefleisch, gehackt
- 2 Esslöffel Olivenöl
- 1 rote Zwiebel, gehackt
- ½ Kilo Babyspinat
- 4 Knoblauchzehen, gehackt
- ½ Tasse natriumarme Gemüsebrühe
- ½ Tasse Dosentomaten, ungesalzen, gehackt
- Schwarzer Pfeffer nach Geschmack
- 1 Esslöffel Schnittlauch, gehackt

Route:
1. Eine Pfanne mit Öl bei mittlerer Hitze erhitzen, Zwiebel und Knoblauch dazugeben, vermengen und 5 Minuten kochen lassen.
2. Das Fleisch hinzufügen, umrühren und weitere 5 Minuten braten.
3. Die restlichen Zutaten außer dem Spinat hinzufügen, umrühren, zum Kochen bringen, die Hitze auf mittlere Stufe reduzieren und 15 Minuten kochen lassen.
4. Den Spinat dazugeben, umrühren, weitere 5 Minuten kochen lassen, alles in Schüsseln verteilen und servieren.

Ernährung: Kalorien 270, Fett 12, Ballaststoffe 6, Kohlenhydrate 22,2, Protein 23

Schweinefleisch mit Avocado

Zubereitungszeit: 10 Minuten
Kochzeit: 15 Minuten
Portionen: 4

Zutaten:
- 2 Tassen Babyspinat
- 1 Kilo Schweinesteak, in Streifen geschnitten
- 1 Esslöffel Olivenöl
- 1 Tasse Kirschtomaten, halbiert
- 2 Avocados, geschält, entkernt und in Scheiben geschnitten
- 1 Esslöffel Balsamico-Essig
- ½ Tasse natriumarme Gemüsebrühe

Route:
1. Eine Pfanne mit Öl auf mittlerer Stufe erhitzen, das Fleisch hinzufügen, schwenken und 10 Minuten braten.
2. Den Spinat und die anderen Zutaten hinzufügen, umrühren, weitere 5 Minuten kochen lassen, in Schüsseln verteilen und servieren.

Ernährung: Kalorien 390, Fett 12,5, Ballaststoffe 4, Kohlenhydrate 16,8, Protein 13,5

Schweinefleisch-Apfel-Mischung

Zubereitungszeit: 10 Minuten
Kochzeit: 40 Minuten
Portionen: 4

Zutaten:
- 2 Kilo Schweinefleischeintopf, in Streifen geschnitten
- 2 grüne Äpfel, entkernt und in Würfel geschnitten
- 2 Knoblauchzehen, gehackt
- 2 Schalotten, fein gehackt
- 1 Esslöffel süßer Paprika
- ½ Teelöffel Chilipulver
- 2 Esslöffel Avocadoöl
- 1 Tasse natriumarme Hühnerbrühe
- Schwarzer Pfeffer nach Geschmack
- Eine Prise rote Chiliflocken

Route:
1. Eine Pfanne mit Öl bei mittlerer Hitze erhitzen, Schalotten und Knoblauch dazugeben, schwenken und 5 Minuten braten.
2. Das Fleisch hinzufügen und weitere 5 Minuten braten.
3. Den Apfel und die anderen Zutaten dazugeben, umrühren und bei schwacher Hitze weitere 30 Minuten kochen lassen.
4. Alles auf Teller verteilen und servieren.

Ernährung: Kalorien 365, Fett 7, Ballaststoffe 6, Kohlenhydrate 15,6, Protein 32,4

Zimt-Schweinekoteletts

Zubereitungszeit: 10 Minuten
Kochzeit: 1 Stunde und 10 Minuten
Portionen: 4

Zutaten:

- 4 Schweinekoteletts
- 2 Esslöffel Olivenöl
- 2 Knoblauchzehen, gehackt
- ¼ Tasse natriumarme Gemüsebrühe
- 1 Esslöffel Zimtpulver
- Schwarzer Pfeffer nach Geschmack
- 1 Teelöffel Chilipulver
- ½ Teelöffel Zwiebelpulver

Route:

1. In einer Pfanne die Schweinekoteletts mit dem Öl und den anderen Zutaten vermischen, vermischen, in den Ofen schieben und bei 390 F 1 Stunde und 10 Minuten backen.
2. Die Schweinefleischscheiben auf Teller verteilen und mit einem Beilagensalat servieren.

Ernährung: Kalorien 288, Fett 5,5, Ballaststoffe 6, Kohlenhydrate 12,7, Protein 23

Kokos-Schweinekoteletts

Zubereitungszeit: 10 Minuten
Kochzeit: 20 Minuten
Portionen: 4

Zutaten:
- 2 Esslöffel Olivenöl
- 4 Schweinekoteletts
- 1 gelbe Zwiebel, fein gehackt
- 1 Esslöffel Chilipulver
- 1 Tasse Kokosmilch
- ¼ Tasse Koriander, gehackt

Route:
1. Eine Pfanne mit Öl bei mittlerer Hitze erhitzen, Zwiebel und Chilipulver hinzufügen, vermengen und 5 Minuten braten.
2. Die Koteletts dazugeben und von beiden Seiten 2 Minuten braten.
3. Die Kokosmilch dazugeben, aufkochen, zum Kochen bringen und bei mittlerer Hitze weitere 11 Minuten kochen lassen.
4. Den Koriander dazugeben, umrühren, in Schüsseln verteilen und servieren.

Ernährung: Kalorien 310, Fett 8, Ballaststoffe 6, Kohlenhydrate 16,7, Protein 22,1

Schweinefleisch mit Pfirsichmischung

Zubereitungszeit: 10 Minuten
Kochzeit: 25 Minuten
Portionen: 4

Zutaten:
- 2 Kilo Schweinefilet, grob gewürfelt
- 2 Pfirsiche, entkernt und geviertelt
- ¼ Teelöffel Zwiebelpulver
- 2 Esslöffel Olivenöl
- ¼ Teelöffel geräuchertes Paprikapulver
- ¼ Tasse natriumarme Gemüsebrühe
- Schwarzer Pfeffer nach Geschmack

Route:
1. Eine Pfanne mit Öl auf mittlerer Stufe erhitzen, das Fleisch hinzufügen, schwenken und 10 Minuten braten.
2. Die Pfirsiche und die anderen Zutaten dazugeben, umrühren und bei schwacher Hitze weitere 15 Minuten kochen lassen.
3. Die gesamte Mischung auf Teller verteilen und servieren.

Ernährung: Kalorien 290, Fett 11,8, Ballaststoffe 5,4, Kohlenhydrate 13,7, Protein 24

Kakaolamm und Radieschen

Zubereitungszeit: 10 Minuten
Kochzeit: 35 Minuten
Portionen: 4

Zutaten:
- ½ Tasse natriumarme Gemüsebrühe
- 1 Kilo Lammeintopf, gewürfelt
- 1 Tasse Radieschen, gewürfelt
- 1 Esslöffel Kakaopulver
- Schwarzer Pfeffer nach Geschmack
- 1 gelbe Zwiebel, fein gehackt
- 1 Esslöffel Olivenöl
- 2 Knoblauchzehen, gehackt
- 1 Esslöffel Petersilie, gehackt

Route:
1. Eine Pfanne mit Öl bei mittlerer Hitze erhitzen, Zwiebel und Knoblauch dazugeben, schwenken und 5 Minuten braten.
2. Das Fleisch dazugeben, wenden und von beiden Seiten 2 Minuten braten.
3. Brühe und andere Zutaten hinzufügen, zum Kochen bringen, zum Kochen bringen und bei mittlerer Hitze weitere 25 Minuten kochen lassen.
4. Alles auf Teller verteilen und servieren.

Ernährung: Kalorien 340, Fett 12,4, Ballaststoffe 9,3, Kohlenhydrate 33,14, Protein 20

Zitronenschweinefleisch und Artischocken

Zubereitungszeit: 10 Minuten
Kochzeit: 25 Minuten
Portionen: 4

Zutaten:

- 2 Kilo Schweinefleischeintopf, in Streifen geschnitten
- 2 Esslöffel Avocadoöl
- 1 Esslöffel Zitronensaft
- 1 Esslöffel Zitronenschale, gerieben
- 1 Tasse Artischocken aus der Dose, abgetropft und geviertelt
- 1 rote Zwiebel, gehackt
- 2 Knoblauchzehen, gehackt
- ½ Teelöffel Chilipulver
- Schwarzer Pfeffer nach Geschmack
- 1 Teelöffel süßer Paprika
- 1 Jalapeno, gehackt
- ¼ Tasse natriumarme Gemüsebrühe
- ¼ Tasse Rosmarin, gehackt

Route:

1. Eine Pfanne mit Öl bei mittlerer Hitze erhitzen, Zwiebel und Knoblauch dazugeben, vermengen und 4 Minuten köcheln lassen.
2. Fleisch, Artischocke, Chilipulver, Jalapeno und Paprika hinzufügen, umrühren und weitere 6 Minuten kochen lassen.
3. Die restlichen Zutaten hinzufügen, aufkochen, zum Kochen bringen und bei mittlerer Hitze weitere 15 Minuten kochen lassen.

4. Die gesamte Mischung auf Schüsseln verteilen und servieren.

Ernährung: Kalorien 350, Fett 12, Ballaststoffe 4,3, Kohlenhydrate 35,7, Protein 14,5

Schweinefleisch mit Koriandersauce

Zubereitungszeit: 10 Minuten
Kochzeit: 20 Minuten
Portionen: 4

Zutaten:
- 2 Kilo Schweinefleischeintopf, grob gewürfelt
- 1 Tasse Korianderblätter
- 4 Esslöffel Olivenöl
- 1 Esslöffel Pinienkerne
- 1 Esslöffel fettfreier Parmesan, gerieben
- 1 Esslöffel Zitronensaft
- 1 Teelöffel Chilipulver
- Schwarzer Pfeffer nach Geschmack

Route:
1. In einem Mixer den Koriander mit den Pinienkernen, 3 Esslöffeln Öl, Parmesan und Zitronensaft vermischen und gut pürieren.
2. Eine Pfanne mit dem restlichen Öl bei mittlerer Hitze erhitzen, Fleisch, Chilipulver und schwarzen Pfeffer hinzufügen, schwenken und 5 Minuten braten.
3. Die Koriandersauce dazugeben und bei mittlerer Hitze weitere 15 Minuten kochen lassen, dabei gelegentlich umrühren.
4. Das Schweinefleisch auf die Teller verteilen und sofort servieren.

Ernährung: Kalorien 270, Fett 6,6, Ballaststoffe 7, Kohlenhydrate 12,6, Protein 22,4

Schweinefleisch mit Mangomischung

Zubereitungszeit: 10 Minuten
Kochzeit: 25 Minuten
Portionen: 4

Zutaten:
- 2 Schalotten, fein gehackt
- 2 Esslöffel Avocadoöl
- 1 Kilo Schweinebraten, in Würfel geschnitten
- 1 Mango, geschält und grob gewürfelt
- 2 Knoblauchzehen, gehackt
- 1 Tasse Tomaten, gehackt
- Schwarzer Pfeffer nach Geschmack
- ½ Tasse Basilikum, gehackt

Route:
1. Eine Pfanne mit Öl bei mittlerer Hitze erhitzen, Schalotten und Knoblauch dazugeben, vermischen und 5 Minuten kochen lassen.
2. Das Fleisch hinzufügen, umrühren und weitere 5 Minuten kochen lassen.
3. Die restlichen Zutaten hinzufügen, aufkochen, zum Kochen bringen und bei mittlerer Hitze weitere 15 Minuten kochen lassen.
4. Die Mischung auf Schüsseln verteilen und servieren.

Ernährung: Kalorien 361, Fett 11, Ballaststoffe 5,1, Kohlenhydrate 16,8, Protein 22

Rosmarin-Schweinefleisch und Zitronen-Süßkartoffeln

Zubereitungszeit: 10 Minuten
Kochzeit: 35 Minuten
Portionen: 4

Zutaten:
- 1 rote Zwiebel, in Ringe geschnitten
- 2 Süßkartoffeln, geschält und in Spalten geschnitten
- 4 Schweinekoteletts
- 1 Esslöffel Rosmarin, gehackt
- 1 Esslöffel Zitronensaft
- 2 Teelöffel Olivenöl
- Schwarzer Pfeffer nach Geschmack
- 2 Teelöffel fein gehackter Thymian
- ½ Tasse natriumarme Gemüsebrühe

Route:
1. In einer Pfanne die Schweinekoteletts mit den Kartoffeln, Zwiebeln und den anderen Zutaten vermengen und vorsichtig vermischen.
2. 35 Minuten bei 400 Grad backen, alles auf Teller verteilen und servieren.

Ernährung: Kalorien 410, Fett 14,7, Ballaststoffe 14,2, Kohlenhydrate 15,3, Protein 33,4

Schweinefleisch mit Kichererbsen

Zubereitungszeit: 10 Minuten
Kochzeit: 25 Minuten
Portionen: 4

Zutaten:
- 1 Kilo Schweinebraten, in Würfel geschnitten
- 1 Tasse Kichererbsen aus der Dose, ohne Salz, abgetropft
- 1 gelbe Zwiebel, fein gehackt
- 1 Esslöffel Olivenöl
- Schwarzer Pfeffer nach Geschmack
- 10 Unzen Dosentomaten, ungesalzen und gewürfelt
- 2 Esslöffel Koriander, gehackt

Route:
1. Eine Pfanne mit Öl bei mittlerer Hitze erhitzen, die Zwiebel dazugeben, schwenken und 5 Minuten braten.
2. Das Fleisch hinzufügen, umrühren und weitere 5 Minuten kochen lassen.
3. Die restlichen Zutaten dazugeben, umrühren, bei mittlerer Hitze 15 Minuten köcheln lassen, alles in Schüsseln verteilen und servieren.

Ernährung: Kalorien 476, Fett 17,6, Ballaststoffe 10,2, Kohlenhydrate 35,7, Protein 43,8

Lammkoteletts mit Grünkohl

Zubereitungszeit: 10 Minuten
Kochzeit: 35 Minuten
Portionen: 4

Zutaten:
- 1 Tasse Grünkohl, zerrissen
- 1 Kilo Lammkoteletts
- ½ Tasse natriumarme Gemüsebrühe
- 2 Esslöffel natriumarmes Tomatenmark
- 1 gelbe Zwiebel, in Scheiben geschnitten
- 1 Esslöffel Olivenöl
- Eine Prise schwarzer Pfeffer

Route:
1. Eine Pfanne mit Öl einfetten, die Lammscheiben darin anrichten, den Grünkohl und die anderen Zutaten dazugeben und sorgfältig vermischen.
2. Alles 35 Minuten bei 190 °C backen, auf Teller verteilen und servieren.

Ernährung: Kalorien 275, Fett 11,8, Ballaststoffe 1,4, Kohlenhydrate 7,3, Protein 33,6

Chili-Lamm

Zubereitungszeit: 10 Minuten
Kochzeit: 45 Minuten
Portionen: 4

Zutaten:
- 2 Kilo Lammeintopf, gewürfelt
- 1 Esslöffel Avocadoöl
- 1 Teelöffel Chilipulver
- 1 Teelöffel scharfe Paprika
- 2 rote Zwiebeln, grob gehackt
- 1 Tasse natriumarme Gemüsebrühe
- ½ Tasse natriumarme Tomatensauce
- 1 Esslöffel Koriander, gehackt

Route:
1. Eine Pfanne mit Öl bei mittlerer Hitze erhitzen, Zwiebel und Fleisch hinzufügen und 10 Minuten braten.
2. Das Chilipulver und die restlichen Zutaten bis auf den Koriander dazugeben, umrühren und bei schwacher Hitze weitere 35 Minuten kochen lassen.
3. Die Masse auf Schüsseln verteilen und mit Koriander bestreut servieren.

Ernährung: Kalorien 463, Fett 17,3, Ballaststoffe 2,3, Kohlenhydrate 8,4, Protein 65,1

Schweinefleisch mit Paprika und Lauch

Zubereitungszeit: 10 Minuten
Kochzeit: 45 Minuten
Portionen: 4

Zutaten:
- 2 Kilo Schweinefleischeintopf, grob gewürfelt
- 2 Lauch, in Scheiben geschnitten
- 2 Esslöffel Olivenöl
- 2 Knoblauchzehen, gehackt
- 1 Teelöffel süßer Paprika
- 1 Esslöffel Petersilie, gehackt
- 1 Tasse natriumarme Gemüsebrühe
- Schwarzer Pfeffer nach Geschmack

Route:
1. Eine Pfanne mit Öl bei mittlerer Hitze erhitzen, Lauch, Knoblauch und Paprika dazugeben, vermengen und 10 Minuten kochen lassen.
2. Das Fleisch hinzufügen und weitere 5 Minuten braten.
3. Die restlichen Zutaten dazugeben, umrühren, bei mittlerer Hitze 30 Minuten köcheln lassen, alles in Schüsseln verteilen und servieren.

Ernährung: Kalorien 577, Fett 29,1, Ballaststoffe 1,3, Kohlenhydrate 8,2, Protein 67,5

www.ingramcontent.com/pod-product-compliance
Lightning Source LLC
Chambersburg PA
CBHW070404120526
44590CB00014B/1245